U0688272

高中语文情境教学研究

段少龙　著

学苑出版社

图书在版编目（CIP）数据

高中语文情境教学研究 段少龙著 . — 北京：学苑出版社，2023.9

ISBN 978-7-5077-6764-3

Ⅰ . ①高… Ⅱ . ①段… Ⅲ . ①中学语文课—教学研究—高中 Ⅳ . ① G633.302

中国国家版本馆 CIP 数据核字（2023）第 182033 号

责任编辑： 乔素娟

出版发行： 学苑出版社

社 址： 北京市丰台区南方庄 2 号院 1 号楼

邮政编码： 100079

网 址： www.book001.com

电子邮箱： xueyuanpress@163.com

联系电话： 010-67601101（销售部）、010-67603091（总编室）

印 刷 厂： 河北赛文印刷有限公司

开本尺寸： 710 mm×1000 mm 1 / 16

印 张： -11.5

字 数： 230 千字

版 次： 2024 年 1 月第 1 版

印 次： 2024 年 1 月第 1 次印刷

定 价： 68.00 元

作者简介

　　段少龙，男，1977 年 9 月生，重庆酉阳人，毕业于四川师范大学，大学本科，文学学士，中学语文高级教师，重庆市市级骨干教师，现任教于重庆市秀山高级中学，执教高中语文 20 余年，主要从事高中语文教学与研究，在省市级刊物发表多篇论文，参研市级课题"统筹城乡教育发展背景下高中信息化教学优质资源建设的策略研究"且结题，主持基础教育科研"十四五"规划重点课题"高中语文阅读教学中接受美学的应用与探索""多元背景下德育教育的构建策略研究"且结题。

前　言

　　在新课程改革不断深入推进的背景下，传统的教学方法在教学活动中不断得到创新并被采用。在高中语文教学中，学生的主体地位逐渐凸显，教师越来越注重学生的自主学习和课堂体验。基于此，高中语文教学对高中语文课堂设置、教师教学方式都提出了更高的要求。就传统语文教学而言，其秉持的理念过于强调教师的"教"，在学生的"学"方面不够重视。新课程改革下的教学标准更加注重培养学生的自主感知能力和自主学习能力。因此，教师的教学方法、教育理念必须顺应时代大趋势，教师应具有敢于创新的勇气，在实践中积极探索一种创新的、易被学生接受的、满足新课程改革要求的教学方式，让学生在教师的指导下，对语文课堂产生更强烈的兴趣，更爱学习语文，以取得更好的学习效果。

　　情境教学与高中语文教学联系紧密，深刻影响着高中语文课堂教学的效果与学生的学习成效。教师的教学方法必须根据大时代、大环境的改变做出相应的变化，必须为学生营造一种无压力、民主的交流氛围，让学生在学习中体验到成就感。

　　本书从情境教学的基本概念出发，在此基础上从认知主义学习理论和行为主义学习理论的视角对情境教学展开详细论述，主要包括理论的实践探究及操作实践。要想对高中语文情境教学进行深入研究，必须在掌握理论的基础上总结情境创设的路径，包括情境教学的特点、构想及其与"翻转课堂"的结合。最后从高中语文教学内容中的社会交往类文本、现代小说及古诗词三个方面对高中语文教学情境的创设及情境教学策略进行论述。

　　在撰写本书过程中笔者参阅了相关资料，汲取了许多有益的内容，由于笔者水平有限，书中难免存在不足之处，恳请广大师生和读者予以批评指正，以臻完善。

段少龙

2023 年 4 月

目　录

第一章　情境教学概述

情境教学是指教师结合教学目标和要求，根据教学实践中的具体情况设置特殊情境，具有"形真""情切""意远""蕴含哲理于情境"的特点。新课程改革强调要考虑教育的方式和内容，以促进学生的学习效果和整体发展，而情境教学在激发学生的学习潜能、提升学生的学习效果、促进学生的整体发展和成长方面起着非常重要的作用。因此，情境教学不仅符合新课程改革的理念，而且满足新课程改革的要求。

第一节　情境教学的定义

教师在教学过程中，要充分考虑教学的环境以及学生本身的知识体系和知识背景。情境创设的本质是更有利于学生理解教学内容、掌握新的知识。对高中生来说，创设情境对激发学生的问题意识和探究行为意义建构有着极大的促进作用。情境教学的基础是创设情境，因此，如果我们想了解情境教学，就必须了解情境的含义。

情境指的是根据问题创设能够让学生感知并自由思考的场景，包括时间、地点、人物、关系等要素，在教学当中的情境就是将这些要素根据具体的问题进行展开而构造成的场景。

教师是情境教学的执行者，但情境教学与传统教育的不同之处在于其目的是提高学生解决问题的主动性，而传统教育的目的是引导学生解决问题，这是解决问题的一种模仿行为。

所谓情境教学，是指教师在教学过程中，依据教育和心理学的基本原理，根据学生年龄和认知特点的不同，通过营造师生之间、认知客体与认知主体之间良好的情感氛围，创设适宜的学习环境，使教学在积极的情感和优化的环境中开展，以激活学生的情境思维，从而使其在情境思维中获得知识、培养能力、发展智力

1

的一种教学活动。情境教学不仅可以激发和促进学生的情感活动，还可以激发和促进学生的认知活动和实践活动，能够提供丰富的学习素材，有效地改善教与学的关系。

高中语文情境教学有助于学生进入教师创设的相关特定教学情境中，获得感同身受的教学体验，从而使学生更好地理解文学作品。这种教学方法注重学生情感的融入，加强了学生对课堂内容的理解，从而使学生更准确地把握课文的思想内核。情境教学在当前的高中教材讲解过程中是必不可少的，人教版（2019）高中语文教材将语文学科核心素养的要求完全体现了出来，通过"单元任务"和"学习提示"，我们不难看出教材对"情境"在课堂中设置的要求。每一篇课文的位置、每一个单元的组合，无不要求教师在备课的过程中认真设置课堂中的"情境体验"环节。教师在课堂教授的过程中，将教学内容设置到具体形象的情境之中，引导学生感同身受，以帮助学生更好地读懂并理解文本，感受作者创作时想要表达的情感，并充分体会文中情感、精神的现实意义。

第二节　情境认知与学习理论

1989 年，约翰·斯里·布朗（John Seely Brown）等人发表的《情境认知与学习文化》一文，比较系统、完善地论述了情境认知与学习理论，认为所有的知识都是可以用情境来描述的，知识只是文化、活动以及背景产品的一部分，知识是随着情境的变化而不断发生变化的。学习知识的过程就是在情境中思考的过程，学生通过在情境中进行思考进而获取知识，可见知识与情境是紧密联系的。对于具体的情境认知与学习理论的研究要分开进行，也就是说情境认知与学习理论研究的基础是情境认知和情境学习，只有对情境认知和情境学习分别进行研究，才能最终取得对情境认知与学习理论研究的成果。

在对情境认知理论进行研究的过程中，首先我们要明确的一点就是知识的构建是在个体与环境的互相交流中产生的，因此在对认知过程进行考察的时候就不能单独去考虑个人或者环境，而要将个人与环境结合在一起进行统筹考虑。

在对情境学习理论进行研究的过程中，我们知道了知识也是一种能力的体现，是人类为了在大自然中生存而不断去总结、适应大自然变化的能力。因此，人们在学习过程中不能脱离实际凭空考虑，要明白知识不是空洞无意义的，而是在情境中形成的。

　　情境认知与学习理论的提出对知识进行了全新的定位，知识不再是抽象的存在，也不是枯燥无味的死读书，而是通过小组合作的方式增加实践活动，让学生在这一过程中提升协作能力和应变能力。通过社会实践活动对知识进行迁移式学习，不仅能关注学生学习的变化，同时能在个体与集体学习过程中提升学生的语文素养，从而实现新课程标准（以下简称"新课标"）对高中生的能力培养要求。情境学习的提倡者认为，如果在知和做相分离的情境中教授知识，那么知识就处于惰性的和不被使用的状态。通过将外界情境引入教学的方法，可以促进学生对外界知识与课堂教学的融合，有利于更好地达到在情境中学习知识、运用知识的目的。

　　学习是一种复杂的认知行为，对高中生而言，在拥有一定的阅读基础与社会经验的前提下，将课文中的类似情境带入课堂讲解中，能更真实地提高学生的学习体验能力，更利于学生对课文的理解与把握。

　　从对情境认知与学习理论的分析中，我们可以知道没有情境的存在就不可能有认知活动的发生，一切关于认知活动的基础就是情境。因此情境认知与学习理论的关键就是情境的创建。

第三节　高中语文情境教学与新课程改革的契合点

一、情境教学符合新课程改革的理念

　　新课程改革的三大基本理念包括关注学生发展、强调教师成长和重视以学定教，其中最核心的是"关注学生发展"。新课程改革的重点是提高学生的创新能力和实践能力，改变传统的授课方式，让学生积极学习，掌握适合自己的学习方法，同时，对学习文化的兴趣和价值观的培养也不能忽视，要考虑到学生的全面发展和个人成长。基于以上分析可以看出，情境教学的特点与新课程改革的理念是十分吻合的。

　　在高中阶段，学生会接触到不少在理解上有难度的课文，如意识流小说、朦胧诗、文言文等。对于这类文学作品，学生基于自身的知识体系和理解能力是很难深入理解的。

　　在新课程改革不断推进的过程中，高中语文学科也在不断产生新的教学方法，以适应时代发展的要求。在当前新课程改革的背景下，高中语文教学大纲指出，语文教学不仅要让学生参与到情境活动中，更要让学生自主开展研究性学习和创新性学习，让学生带着问题去探讨、去研究，在研究过程中锻炼思维方式，让学生在问题思考方面的能力得到培养与提升，从而使其变成一个真正会思考、会学习的人。

对高中语文学科来说，人文性是其重要特点，除此之外，语文学科必须结合时代发展趋势，具有时代特色。这个特点要求语文能够起到应有的作用，发挥应有的功能。要达到这个要求，就必须与时代同步发展，尤其是在新课程改革的背景下，高中语文学科应在展现历史的同时对学生进行符合时代特征的教学。在将情境教学融入语文学科时还必须考虑到语文学科本身所具有的特性。因此，在进行语文情境教学的时候，不只是让学生通过学习熟悉语言、掌握听说读写，更重要的是让学生通过语文教学提升内在素养，助其养成积极的价值观。所以，不能简单地认为语文只是一门学科，其具备工具性与人文性的双重功能。因此，情境教学中应当重点考虑这两个特性。

二、情境教学符合新课程改革的要求

第一，情境教学可以促进高中生品格的完善。语文教学的教育性必须与其知识紧密结合。教材中的每一篇课文背后都浓缩着作者深厚的主观情感。情境教学能够让学生有身临其境之感，让学生对问题有更加立体的感受，而不会让学生对问题产生距离感。因此，通过情境教学，学生更容易获得全面发展。此外，情境教学所产生的积极效果可以增强学生学习的动力，产生良好的学习效果，从而促进教与学的良性循环。

第二，学生的审美水平也是可以通过情境教学来提高的。人教版（2019）语文高中必修及选修课文包括小说、诗歌、文言文等，小说人物形象鲜明，诗歌语言优美，文言文蕴含深刻的哲理。不同的文学体裁反映了人与社会、人与自然的辩证关系，反映了对美与丑、善与恶的哲学思考。高中生可以通过情境实际感受这些内容，从而更好地感受美、理解美，提升审美能力。

三、情境教学利于落实新课程改革的目标

对高中语文这门课程来说，课本中的文学作品中有很多人物形象和故事情节，这些内容如果靠死记硬背是很难理解的，而且对于学生语文素养的提升效果也不明显。情境教学通过设置相关情境，将人物形象和故事情节生动地展示出来，让学生能更直观地感受课文内容。这种教学方法不仅能够促进学生学习知识，更能

促进学生改善学习方法，主动探究文本，在实现新课程改革目标的过程中扮演着重要的角色。

　　新课程改革的重要目标之一是培养学生的创新精神和实践能力，鼓励学生开放思想、独立思考和解决问题，增强和提高他们的实践意识和实践能力。在新课程改革的大背景下，高中语文情境教学充满了新的生机与活力，为新课程改革的不断深化提供了有力的支持，在实现新课程改革目标的过程中有着不容忽视的作用。

第二章 认知主义学习理论视域下的
语文学习活动

认知主义学习理论源于德国的格式塔学说，也叫认知结构主义理论。

认知主义学习理论突出学习过程中的心理结构及变化。认知主义学习理论认为，在学习过程中应该通过活动来体现主体价值，不断提升学习人员学习的主观能动性，增加学习兴趣。与此同时，将认知、理解、思考作为主要培养的内容和对象。

认知主义学习理论的代表人物之一让·皮亚杰（Jean Piaget）总结了认知过程的两个特点：第一，一个研究领域里要找出能够不向外面寻求解释说明的规律，能够建立起自己说明自己的结构；第二，实际找出来的结构要能够形式化，作为公式而作演绎法的应用。同时，他指出思维结构有三个要素：整体性、转换性、自调性。对这个问题，认知主义学习理论的另一位代表人物杰罗姆·布鲁纳（Jerome Bruner）更为关注学习理论在教学上的应用。他认为，首要的和最明显的问题是怎样编制课程，使它既能由普通的教师教给普通的学生，同时又能清楚地反映各学术领域的基本原理。布鲁纳强调了学习者对科学文化知识的自我建构。依此看来，语文课程应该区别于其他课程的知识结构、方法结构和理论结构，这种语文课程结构是以整体性形式存在的，在学习过程中教师和学生可以随机进行调整。

有诗云："昨夜江边春水生，蒙冲巨舰一毛轻。向来枉费推移力，此日中流自在行。"意思是说，人生就像一艘大船，如果不读书，不掌握必要的知识和能力，这艘大船就会搁浅在沙滩上。知识和能力犹如春潮一般，会给人以希望和力量，会把人生巨舰推向理想的彼岸。本章主要讨论的是认知主义学习理论视域下的语文学习活动，如果要促进学生的发展，不能离开认知主义的基础性教育功能，即离不开语文课程的内容、知识结构和能力发展目标。

第一节　认知主义学习理论的实践探究

"水光潋滟晴方好，山色空蒙雨亦奇。欲把西湖比西子，淡妆浓抹总相宜。"苏轼的这首《饮湖上初晴后雨》讲的是水光山色相映衬，才能出现亦幻亦奇的美丽景色，透露出诗人发掘自然景观无限魅力的能力和极高的审美水平。同样，有效的语文学习离不开科学的理论的引领，离不开具体的专业知识与学习策略的支持，更离不开语文学习实践中教师和学生的对话和互动情境。皮亚杰认为，知识既不是客观的东西（经验论），也不是主观的东西（活力论），而是个体在与环境交互作用的过程中逐渐被建构的结果。这是一种研究认识结构发生发展过程以及心理起源的学问，即发生认识论。信息加工学习理论则强调学习中的语义编码策略，编码是一个觉察信息、提取其特征并形成记忆痕迹的过程，编码的方式对以后提取信息具有很大的影响。元认知学习理论则强调学习者要了解自己的思维过程，了解自己的认知机制，明白这一机制是如何工作的。

一、理论建构

（一）认知主义学习理论的发展

认知主义学习理论和格式塔心理学具有一定的渊源。格式塔心理学的代表人物是心理学家马克斯·韦特海默（Max Wertheimer）和他的两个学生德裔美国心理学家沃尔夫冈·苛勒（Wolfgang Kohler）和美籍德裔心理学家库尔特·考夫卡（Kurt Koffka），他们认为，我们的思维是一种整体性的、有意义的知觉，而不是各种印象的组合，即整体大于部分之总和。在柏林大学和他们一起研究格式塔心理学的库尔特·勒温（Kurt Lewin）与他们的观点不同，前三人关注的是知觉、认知和思维方法的问题，勒温关注的是动机、个性和社会心理，他认为，学习理论应该探讨学习者认知结构和动机的变化。

认知主义强调学习是获得知识、形成认知结构的过程。认知结构是个人在某一学科领域内的观念的全部内容及其组织，是学习含有的使新材料或新经验结为一体的内部的知识组织机构。学生在学习新知识时，认知结构的可利用性越高、可分辨性越大、稳定性越强，就会越促进新知识学习的迁移。

美国心理学家杰罗姆·布鲁纳认为，任何学科的一定的知识的正当形式，能有效地教给处于任何发展时期的任何儿童。这是个大胆的假设，并且是思考课程本质的一个必要的假设，不存在同这个假设相反的证据；反之，却积累着许多支持它的证据。美国心理学家本杰明·布卢姆（Benjamin Bloom）也有类似的观点，他认为，掌握学习理论代表一种特殊的教育信仰，确信教学应该且能够使绝大多数学生取得优良的成绩。认知主义同行为主义最显著的区别就是重视内在动机与学习活动本身带来的内化作用。

美国心理学家大卫·奥苏伯尔（David Ausubel）提出了"有意义学习理论"。他区分了接受学习与发现学习、机械学习与意义学习的关系，认为无论是接受学习还是发现学习，都有可能是机械的，也都有可能是有意义的。他提出了有意义学习的两个先决条件：一是学生表现出一种意义学习的心理倾向，即表现出一种在新学的内容与自己已有的知识之间建立联系的倾向；二是学习内容对学生具有潜在的意义，即能够与学生已有的知识结构联系起来。

总之，认知主义学习理论关注的是学习者的学习动机与社会环境相互作用所引起的认知结构的变化过程，强调学习者主体的自我建构以及知识的内隐转换与系统迁移。

（二）斯滕伯格的智力三元理论

20世纪80年代，美国认知心理学家罗伯特·斯滕伯格（Robert Sternberg）从信息加工的角度提出了新的智力模型，即智力的三元理论。从功能的角度，斯滕伯格把智力分解成三种成分：操作成分、知识获得成分和元成分。

操作成分是指解决问题时所使用的加工成分。斯滕伯格认为人们解决各种问题，有四种操作成分，即编码、推理、策划和应用。

知识获得成分是指在获得新信息时运用的加工过程，包括选择性编码、选择性综合和选择性比较。选择性编码是指从无关信息中筛选出有关信息；选择性综合是指把选择好的信息以某种有意义的方式整合起来；选择性比较是指在新编码或新综合的信息与原先储存的信息之间建立联系。

元成分是制定策略、分配资源的过程。斯滕伯格指出，元成分在具体使用时有三种作用：一是在制定的策略范围内选择操作成分和知识获得成分；二是在问题解决过程中使控制活动和自主活动协调起来；三是对情境做出反应并在信息加工的过程中矫正错误。

三种成分中，元成分处于决定性地位，负责管理其他两种成分。正如斯滕伯格所说，毫无疑问，在目前的概念体系中，元成分是智力发展的基础。

（三）元认知：关于自己思维过程的知识

有学者将元认知界定为人们对自身作为获知者的知识或意识。元认知字面上的意思是对认知的认知或对思维的思维。

元认知包括三种知识：陈述性知识、程序性知识、自我调节知识。

陈述性知识，是那些可以经常用词语或其他表象表达的知识（学习和记忆的要素、技术、战略、资源），即知道某物处于某种状态。这些知识是由小的单元联合起来组成一个大的单元。

程序性知识，即知道怎样去做某事（步骤、方法）。程序性知识必须被演示出来，例如执行控制过程，即影响记忆中信息的编码、存储和提取的过程，如选择性注意、保持性复述、精细复述、精加工策略、组织策略。这些执行过程有时被称为元认知的技能，因为这些过程能有目的地用于调节认知。

自我调节知识，是为保证任务完成的知识，知道条件以及何时、为何应用程序和策略。

元认知包括三个基本技能：计划、监控、评价。

计划，包括完成一项任务所用的时间、采用哪种策略、怎么开始、收集哪些资源、遵循哪些秩序、哪些略读、哪些需要特别注意等。

监控，是对"我正在如何做"的即刻意识，包括这样的问题：这个有意义吗？我做得是不是太快了？我学得已经足够多了吗？

评价，包括对思考、学习过程和结果的判断，如：我应该改变策略吗？我需要帮助吗？现在要放弃吗？这项任务完成了吗？

二、实践探究

了解认知主义学习理论，体悟"汉字的温度"。

（一）学习目标

分析教师在识字教学中所运用的教学策略。

运用认知主义学习理论，分析这些教学策略的理论基础及其对促进儿童认知能力发展的价值。

（二）学习过程

首先，根据学习需要，将学生分为几个小组；每个小组选出组长、记录员、陈述人等。

其次，每个小组阅读学习材料，组长组织大家从"问题讨论"中选择一个问题展开讨论，记录员记录主要观点。

最后，小组代表发表意见，教师进行简短点评。

（三）学习材料

识字是小学低年级阶段学习的重要内容。作为一套表意的符号系统，汉字首先是一种交际工具：它既是语文学习的基础，也是一切学习的重要工具。但仅仅将其作为"工具"来对待的话，教学便成了对"工具"的占有，成了孩子们家庭作业里不胜其烦的抄写。要让孩子们在识字中感受汉字文化的丰富和趣味，建构每个孩子的"汉字王国"，则需要教师的教学智慧。兰州市孙海芳老师在识字教学方面做出了探索。她谈道："不得不承认，汉字是有温度的。她像一幅画，从细节处讲述着远古走来的记忆；她像一首诗，喃喃自语般地诉说着与自己有关的印记；她更像一位博学多识的老人，用自己厚重的经历，讲述着被我们日渐忽略的过往。"

首先，在历史文化的场域中理解汉字。

汉字是中华民族深厚文化的积淀。结合历史文化来识字，是要唤醒孩子们对文字的"感觉"和"热爱"，这正是教育的根本价值所在。

例如，陈同学为"温"字画了一幅画：一个罐状的器皿里盛着半罐水，在太阳的照耀下，水徐徐蒸发。这是陈同学眼中直观的"温"字，是非常具有个性的、仅仅属于他想象中的"温"字。

再如，讲到"福"字，一些学生容易将偏旁"衤"和"礻"混淆，孙老师就从"福"字字形的源头讲起："'福'是一个会意字。甲骨文的左上边是一个酒樽（酉），下边是一双手，右上方是'示'部，意思是端着酒樽祭献以求福。"因此，凡是跟"祭祀"有关的汉字都从"礻"。"福"的意思是"求福"，也就应该从"礻"。这样讲解以后，学生将"礻"误写为"衤"旁的情况就大为减少了。

引导学生结合汉字的历史文化情境来识字，往往会给教学带来许多意外的收获。因此，孙老师的教学才能够由"梨"到"忽如一夜春风来，千树万树梨花开"，由"钟"到"古寺枕空山，楼上昏钟静"，由"祖"到"一脉相承"的祖辈们的精神浸润。对于教学来讲，展示在学生面前的不仅仅是一个个独立的"符号"，更是有情感、有故事、有温度的文化和历史，学生在与这些"有温度"的历史和文化的交流中，生成和建构对汉字的理解。

其次，在"当下"的生活体验中走进汉字。

"理解"的过程是作为"此在"的人在传统、历史和世界的经验当中认识和感知事物的过程，进而形成对世界、历史和人生意义的理解和解释。语文识字教学应该结合学生真实的生活经验开展，从而使学生建构起对汉字的独特理解。如果说关注汉字的"历史文化"内涵是教学的"纵向"延伸，那么关注生活的"当下"和"经验"则是教学的"横向"拓展。

例如，讲到"梨"，就不得不讲兰州特有的"软儿梨"；讲到"窗"，就联系兰州匠人手下独特的窗户造型；讲到"船"，就延伸到兰州黄河滩上特有的"羊皮筏了"……学生透过"羊皮筏子"这种古老而简朴的水上工具，不仅能够感知其作为历史物象的交通工具的意义，还能够引发他们对先辈坚韧不拔的精神的联想。在当今钢筋混凝土整齐划一的城市格局中，引导学生欣赏兰州匠人独具智慧的"窗"；从"软儿梨"的传说故事中，学生更深刻地体会到兰州地方特有的饮食风俗。从课程理论的角度来讲，这些知识或常识在教学当中形成了一种特有的地方性课程，让学生对自己的家乡有了更为直观的认识和理解，从"梨"到"船"，这些汉字在学生经验世界的"当下"，渗透着浓厚的乡情和韵味。

关注"当下"，不仅体现在对家乡物什的关注，还体现在对家乡语言的敏感。例如，孙老师发现，兰州方言里频繁出现词语"立马悬蹄"，并由此猜想到祖先骑马放牧的生活。这种猜想，既可以看作一种对语言的文学想象，也可以看作人类学田野考察的科学方法。又如，在教学中由"刀"到"刃"，再到兰州方言里特有的比喻说法"卷了刃""这场大雨让兰州的酷暑卷了刃"，将方言的表现魅力展露无遗。

最后，在创造性教学情境中体悟汉字。

语文教学不是传授学生固有的知识，而是让学生在知识情境当中生成和建构，这才是教学的价值追求。而"每周一字"活动，正是为识字教学创设了一种语文知识情境。

例如"马"字，潘同学为这个字画了一匹骏马，在"字里行间"板块写道："乱花渐欲迷人眼，浅草才能没马蹄。""葡萄美酒夜光杯，欲饮琵琶马上催。"在"字字珠玑"板块写道："马到成功、单枪匹马、人仰马翻、车水马龙……"

又如，魏同学为"年"字作了一幅画，画面是一扇门上贴着一副红色的对联："风和日丽春常驻，人寿年丰福永存。"通过这副对联，我们可以看到魏同学对"年"的理解具有浓厚的中国文化特色，即每到过年，家家户户"总把新桃换旧符"，而且我们可以发现"对对子"本身也是传统语文教育的重要内容。我国古代，学生入学后要练习"属对"，也即"对对子"。如蔡元培在回忆时说，对句之法，不但名词、动词、静词要针锋相对，而且名词中动、植、矿与器物、宫室等，静词中颜色、性质与数目等，都要各从其类。魏同学的书写，也是对"对联"这种形式的一种初步认识。

"每周一字"板块的语文知识情境充分激发了学生对汉字的"想象"，既积累了语文知识，又发展了学生的思维能力、言语能力和审美能力。语言的根本特点在于能够表达出不在场的、隐蔽的东西。因此，语文的学习更需要我们打破僵死的抽象概念，而进入活生生的情境当中，在对话中不断构建"不在场"的意义和价值；通过师生的想象和对话，真正进入和参与到汉字丰厚的文化境界当中，从而实现教学的目的和价值。

好的教学能够充分激发学生的创造力和想象力，正如《礼记·学记》所言："善待问者如撞钟，叩之以小者则小鸣，叩之以大者则大鸣，待其从容，然后尽其声。"正是在学习者与历史文化的对话中、与当下体悟的对话中形成教育春风化雨的境界。"汉字是有温度的"，强调汉字不仅具有交际的工具符号价值，更具有丰富的文化与精神内涵。正是基于这种思想，我们希望的语文教学不是征服，不是占有，而是感染，是熏陶；是春风化雨，是润物无声；是在汉字的文化精神浸润当中，重新拾回教育和汉字的"诗意的温润"。

（四）问题讨论

首先，案例中孙老师的识字教学充满了趣味和创意。她打破了我们寻常所见到"识字教学"的窠臼——让学生在一遍遍的抄写中强化记忆汉字的"音、形、义"，而是尽量"还原"汉字的文化情境。这就包括了汉字的历史文化情境、生活文化情境以及创造性的学习情境。从认知心理学的视角来看，该教学设计依托具体的汉字知识特点以促进学生认知结构的变化和发展。例如，让学生画"温字图"，实则是让学生在创造性"还原"中深度理解汉字的"表意"属性。学生对"温"字及其构成的部件都将产生新的认知。尝试分析本案例中还有哪些教学设计利用具体的汉字知识特点促进了学生认知结构的变化。请结合认知主义的相关理论，分析学生认知结构变化和发展的原因。

其次，布鲁纳倡导的学习与教学的基本原则即注重知识的结构，你认为孙老师的识字教学设计是否体现了这个特点？请结合案例进行分析。

最后，你认为孙老师的识字教学设计是否促进了学生元认知发展？如果是，请结合案例举出例证。如果没有，请改进孙老师的教学设计。最后与同伴进行交流讨论。

第二节 语文学习中的认知策略

"有梅无雪不精神，有雪无诗俗了人。"诗句中呈现的梅、雪、诗、人等意象，在自然界原本极为平凡，也可以说都是俗物，但由于有一种"精神"，使四种意象一气贯通，超凡脱俗。诗句暗示我们，语文学习活动中的诸种要素应该浑然一体发挥作用。

一、理论建构

（一）精读、略读指导策略

20世纪40年代，叶圣陶、朱自清两位先生合作编写的《精读指导举隅》和《略读指导举隅》是关于中学国文教学的指导用书，对精读和略读教学分别做了理论上的总结和范例式的说明。其中，《精读指导举隅》共选六篇课文作为例子，包括古文两篇、现代文四篇。其中记叙文、小说、抒情文、说明文各一篇，议论文两篇。前言说明了指导的内容、过程和方法。从预习、课内指导到练习，皆提出了建议和策略。每篇例文都写了详尽的"指导大概"，讲解文体、线索、材料、语言、方法、结构、立意、人物、意象、意境、情感等。

《略读指导举隅》则专重略读指导，共列举了七部书，包括经籍一种、名著节本一种、诗歌选本一种、专集两种、小说两种。在前言中，提出了"略读"的含义，并比较说明了"精读"与"略读"的关系。他们认为，精读指导必须"纤屑不遗，发挥净尽"；略读指导却需要"提纲挈领，期其自得"。其中略读也一定要有教师的指导，并非"粗略的"阅读，或"忽略的"阅读。其中谈到的"全班学生用同一的教材""一学期中间，略读书籍的数量不宜太多""略读指导分为阅读前的指导和阅读后的报告和讨论"等观点，对今天的语文教学，如"名著导读""整本书阅读"等，具有较大的指导价值，尤其是书中提出对不同类型书籍的不同读法指导的探讨，具有很强的现实指导意义。

（二）PQ4R 学习策略与语文导读法

PQ4R 学习策略是 1972 年美国依阿华大学的罗宾森（Robinson）等人提出来的，是在罗宾森于 1961 年提出的 SQ3R 策略基础上形成的，是影响广泛的学习策略之一。PQ4R 分别代表以下含义。

第一，预览（preview），快速地浏览材料，对基本框架、大主题和分主题有一个初步的了解；注意大标题和小标题，找出自己需要的信息。

第二，设问（question），阅读时向自己提出一些问题，可用"谁（Who）""什么（What）""为什么（Why）""哪儿（Where）""怎样（How）"等疑问词提问。

第三，阅读（read），阅读材料，根据自己提出的问题找答案做笔记。

第四，反思（reflect），尽量按照以下步骤理解和解释所学内容：①与自己已知的事物联系起来；②把材料中的各个分主题、基本框架或原理联系起来；③尽可能排除理解信息时的各种干扰因素；④试图用这些材料去解决它显示的问题。

第五，背诵（recite），通过大声陈述主要观点、提问并回答等方式来反复练习并记住这些信息。

第六，复习（review），积极复习，集中精力向自己提问，只有当确定回答不出来时，才能重新阅读材料。

（三）48项语文能力训练体系

语文教育家张志公先生曾亲自主持编写了一套初中语文教材，由北京大学出版社于1993年出版。这套教材充分重视读、写、听、说的先导作用，按实际运用语言的要求，讲授必要的语文知识，合理安排训练序列，同时加强文学教育。教材根据教学大纲对阅读训练、作文训练、听话训练、说话训练的48项要求，组合成多形式、多层面的训练项目，渐次推进。教材采用"双线推进"的结构来编排，一条线着重培养语文实用能力，另一条线着重培养学生的文学欣赏能力。两条线相互配合，锻炼学生学以致用的能力。将"读法四则""科幻故事""读物介绍"等组织成四五个单元，这是传统教材中没有的，这种新颖的方式可以很好地提升学生的学习兴趣。"童话寓言""民间故事""神话故事"培养学生对优秀文学作品的欣赏能力，同时可以将一些思政内容融入其中，在学习知识的同时，也注重对学生社会价值观的培养。由于语文知识的介绍比较系统，教学方法与要求的交代具体明确，所以这套教材很适合指导自学。此外，因为课文不按"教读""自读"分类，练习也没有"必做""选做"之分，所以能够适应不同层次学校的需要。

（四）"三个一"语文能力训练体系

洪宗礼是江苏省泰州中学的特级教师。他主编的语文实验教材以"单元合成，整体训练"为框架构建学习目标新体系，采取"一本书""一串珠""一条线"

的形式编排，由江苏教育出版社出版。"一本书"是说整套教材取"综合性"，它本身是以引读（包括听）、引写（包括说）和语文基础知识相互配合的大综合体；"一串珠"是说整套书以综合性的单元为基本教学单位，单元与单元紧密相关，形成一条"珠串"；"一条线"是指贯穿全书的是一条读写听说能力的训练线，在这条线的统摄下，多方面的教学内容各有自己的适当位置。这种编排体系，整体性较强，具有"体积小而容量大"的优势，有希望得到既减轻学生负担，又提高教学质量的效果。教材照顾到广大城乡普通中学的实际需要，力求达到科学性与实用性的统一。知识内容的安排，力求优化、简化、浅化，便于学生接受；课文的选编，力求少而精，多选用篇幅短小、时代性强、可读性强的作品；作业的设计，着眼于语言的揣摩和语文能力的训练，注意题型的多样化。课本的单元之首设"单元训练目标"，课文前设"预习提示"，课文中有"提示"，单元后编排有"单元目标自测题"。这样就为学生树立了学习语文的"路标"，交给了学生学习语文的"钥匙"和自测学习效果的"尺子"，有利于学生自学能力的培养。

二、实践探究

（一）特级教师钱梦龙学习语文的故事

1. 学习目标

分析并总结钱梦龙老师自学过程中运用的学习策略。

2. 学习过程

首先，根据学习需要，将学生分为若干小组；每个小组选出组长、记录员、陈述人等。

其次，每个小组阅读学习材料，组长组织大家从"问题讨论"中选择一个问题展开讨论，记录员记录主要观点。

最后，小组代表发表意见，教师进行简短点评。

3. 学习材料

我从六年级起就爱读课外书，最初爱看小说，中国的四大名著和《聊斋志异》《儒林外史》等，我都读得爱不释手，尤其是《红楼梦》，在初一、初二两年间至少看了三遍。大观园里那些才女吟诗作赋的才华，更让我心驰神往，很希望自己有一天也能像她们一样锦心绣口，吟风咏月。于是就开始读诗，到初二时我已能把《唐诗三百首》全背出来了，连《长恨歌》《琵琶行》这样的长诗，我都能一背到底，不打一个"格楞"。

诗读得多了，居然依靠一本《诗韵合璧》无师自通地弄懂了平仄和诗韵，并学会了"吟"，即按照平仄规律拉长了声调唱读，这更增添了我读诗的兴趣。后来我又由读唐诗扩展到读《古文观止》，再由读古代诗文扩展到读当代作品，比如鲁迅的杂文、小说、散文，我都爱读，几乎买齐了鲁迅的杂文集、小说集的单行本。

后来由"读"迷上了"写"，我看到当时高中部都办有壁报，于是自作主张也办了一份壁报，正好从《庄子》里读到"日月出矣，而爝火不息；其于光也，不亦难乎"这个句子，便取名《爝火》（当时很为这个名字得意）。我自己掏钱买稿笺，自己编辑、自己美化、自己"出版"，以"盲聋诗人"的笔名发表"作品"，每一期都有诗有文，还配上插图，居然编得像模像样。

由于爱写，又养成了揣摩文章的习惯，只要读到好文章，总要反复揣摩文章在选材、立意、运思、语言表达等方面的特点。后来又把这个揣摩文章的习惯从课外阅读迁移到课内的学习上：老师开讲新课之前，我总要先把课文认真揣摩一番，到听课时就把自己的理解和老师的讲解互相比较、印证，重在领悟老师解读文章的思路和方法。一般同学听课，专注于聆听和记录，我则把"听"和"记"的过程变成了一个"思"的过程，这样边听边思，不但知识学得活、印得深、记得牢，而且锻炼了思考力。因此，每次考试，我即使考前不复习，也能稳拿第一，至于我的阅读和表达能力，更是高出我的同窗不少，当时我发表在《爝火》上的诗文甚至吸引了不少高中部的学生来看，我写的格律诗还多次得到老师的赞扬。

4. 问题讨论

特级教师钱梦龙是"三主四式"语文导读法的提出者。通过阅读他的成长故事，我们不难发现，这种语文导读法有他自身学习、成长的"影子"。如果从认知策略来看，他当年的阅读方法，也与托马斯等提出的 PQ4R 学习策略有相通之处。你是否真正理解了"三主四式"语文导读法和 PQ4R 策略呢？不妨以钱梦龙学习语文的个案为例进行分析，并写下结论和反思，与同伴交流讨论。

"南钱北魏"（上海的钱梦龙、辽宁的魏书生）是语文界颇有影响力的中学特级教师，他们在改革开放初期为推动语文教学改革做了很有意义的尝试。任何事物的发展都存在一定的局限性，我们评价任何事情，既要指出问题，也要提出建设性的构想。也就是说有破有立才是解决问题的正确方法。请认真阅读钱梦龙老师的文章以及他经典的教学案例，分析并评价钱梦龙老师提出的"三主四式"语文导读法，从正反两面提出自己的见解和意见，并与同伴展开讨论、分享。

（二）"诵读"中唤醒古文魅力

1. 学习目标

结合教学实录，分析教师运用的阅读教学策略及其作用。

2. 学习过程

首先，根据学习需要，将学生分为若干小组；每个小组选出组长、记录员、陈述人等。

其次，每个小组阅读学习材料，组长组织大家从"问题讨论"中选择一个问题展开讨论，记录员记录主要观点。

最后，小组代表发表意见，教师进行简短点评。

3. 学习材料

《湖心亭看雪》教学实录。

4. 课堂实录

（1）导入

（上课前学生背诵与"西湖"相关的诗句）

师：从这些诗句可以看出，不同的季节、不同的心情，会让人对西湖产生不同的感受。杨万里看到的是接天莲叶、映日荷花，苏轼看到的是水光晴日、浓淡相宜，白居易看到的是早莺暖树、水面初平。景物虽各不相同，但诗人们笔下都是一派生机明媚的景象。那么冬天的西湖，又会是怎样一番奇景呢？今天，就让我们随着张岱去湖心亭看雪，欣赏冬天的西湖！

（2）自由放声朗读

师：请同学们结合注释，自由放声朗读。要读准字音，读出停顿，读出节奏。

（学生结合注释，同桌之间相互讨论并诵读课文，全班点名朗读，学生相互点评）

（3）诵读感知课文

师：现在我们再次带着问题朗诵，看看能不能找出文章中前后矛盾之处。

（学生齐声诵读）

生：作者刚开始说"独往湖心亭看雪"，后面又说"舟中人两三粒而已"，到底是几个人，作者没有说清楚。

生：从"舟子喃喃曰"可以看出，去看雪的不止作者一人。

师：同学们找得非常准确，那为什么会出现这样的矛盾呢？是作者不小心写错了吗？那我们要不要帮他改改？

生：我觉得不应该改，作者这样写肯定是别有用意，但什么原因我还说不上来。

（其他同学大笑）

师：既然一时还说不上来，那我们先把这个问题放下。我们再邀请一位同学朗诵课文，大家一边听一边思考，文中哪一个字可以准确地概括出张岱的形象。

（学生诵读、思考）

生：老师，是"痴"字。

师：（板书"痴"字）找得非常准确。现在请同学们自由诵读并讨论，张岱的"痴"体现在哪些地方。

生："大雪三日，湖中人鸟声俱绝"，天寒地冻，万籁俱寂，这么冷的天不在家里暖着竟然去看雪。

生："独往湖心亭看雪"，一个人去看雪，胆子也是大。

师：同学们都说得很好。那么我们可以把这些总结为张岱的什么"痴"呢？

生：行为"痴"。

师：概括得非常到位。（板书"痴行"）请同学们朗读张岱的"痴行"。

师：除主人公的行为独特，文章中还有什么地方比较独特呢？

生：我觉得景物描写也比较独特，他一会儿写"天与云与山与水，上下一白"，感觉天地苍茫一片，特别广袤的样子，一会儿又说"长堤一痕、湖心亭一点、与余舟一芥、舟中人两三粒"，写的景和人一下子又变小了。感觉忽远忽近、忽上忽下、忽大忽小的，这一点应该也是比较独特的吧？（学生不太确定地看着老师）

师：（学生的回答出乎老师的意料）Z 同学的回答真的太精彩了，非常完整地概括了本文景物描写的特点，不仅准确，而且有理有据，还有结论。Z 同学刚刚用"忽远忽近、忽上忽下"来概括西湖雪景的特点，同学们来找一下这远、近、上、下分别是如何体现的。

生：天、云、山、长堤是远景，水、亭、舟、人是近景。

生：天、云体现了上，山、长堤、水、亭、舟、人体现了下。

师：很好！那么作者又是如何写景物之大，又是如何写景物之小呢？

生："天与云与山与水，上下一白"，天和云、山、水融合在一起的感觉，仿佛天地之间没有界限，苍茫一片，给人一种非常广袤宏大的感觉。

师：点评得特别好，这一处环境描写，作者仅仅用一个"与"字便将天、云、山、水组合在一起，给人一种天地苍茫的浩大气象。现在同学们再找一下"小"体现在哪里。

生："长堤一痕、湖心亭一点、与余舟一芥、舟中人两三粒"，从痕、点、芥、粒这些量词中可以看出亭子、舟和人物的渺小。

师：对，尤其"而已"一词更加突出了亭子、舟、人物的小，给人一种作者要将自己融入苍茫宇宙的感觉。好，现在同学们再来一起诵读这一段景物描写，读的时候要读出大和小的变化，尤其是"而已"一词。

师：同学们仿照上面的"痴行"二字来概括一下这一处雪景。

生：（异口同声喊）痴景。

师：概括得非常好！（板书"痴景"）有如此"痴行"，去赏如此"痴景"的，只有作者一人吗？

生：不是，作者去时亭中早有两人对坐饮酒了。

师：那么我们揣度一下，作者看到大雪天同样来赏雪的两人，是什么心情？

生：惊讶、愉悦。

师：他没想到，还有如自己一般不顾严寒赏雪的知己，自然心情愉悦。作者对待知己的态度是怎样的呢？

生：我感觉他太淡然、太平静了，并没有想象中的热情，作者只是简单地"问其姓氏"，知道他是金陵人，客居于此，其他并没有去了解。

师：那作者为什么会表现得如此淡然、平静呢？

生：可能在作者看来，在如此纯净的天地之间，人是多么渺小，作者此刻大概只想把自己融进自然之中。

生：老师，我懂了，作者虽然是和舟子共同前往，但在作者心中，这一片天地间只有自然和自己一人，他早已忽略了其他人的存在，所以他才说自己是"独往"。

（其他学生纷纷表示认同）

师：如此看来，作者既说"独往"，又说"舟中人两三粒"不仅不矛盾，反而另有深意。此刻的他，心中只有天地自然，早已忘记了凡尘琐事，所以他才说"独往"。那这算不算是一种消极避世的态度呢？请同学们再次齐声朗诵，结合注释进行思考。

生：作者是明末清初的文学家，用明朝年号来纪年，说明他思念故国。

师：同学们解读得很准确，正是因为那浓烈的故国之思，才使得作者放下一切，归隐山林，以天地为伴，在自然中终老。张岱曾这样表述自己的志向，"明亡后不仕，入山著书以终"。从这一句话中我们就能理解他为何会如此向往自然，厌烦俗尘，这一切都是因为他的故国之思。所以无论是作者此前独自赏雪的"痴行"，还是描绘得有点怪异的"痴景"，背后主导他的皆是他的一颗——

生：（异口同声）痴心！

（4）师生诵读挑战

师：以上便是我们对《湖心亭看雪》整篇文章的品读和鉴赏。一篇好的文章不应该只是从文字方面进行鉴赏，我们还要把这种理解诵读出来，读的过程是一个再理解的过程。现在，我们举行一个简单的朗诵比赛，不过与以往不同的是，不光同学们参与，老师也要加入。

（老师的参与让学生的热情空前高涨，在一片欢呼声中把诵读推向高潮，消除了学生的紧张感，调动了每个学生的积极性，让整个课堂变得异常活跃。最后在师生的诵读挑战中结束此课的教学，圆满地完成了这堂课的教学目标：在"诵读"中唤醒古文魅力）

（设计者：西北师范大学硕士研究生 王怡冰）

5. 问题讨论

《湖心亭看雪》教学设计可以说很好地运用了阅读的认知策略。教师以"读"（自由读、朗读、品读、诵读）的策略贯穿教学始终，并在不断监控和调节中检测学习成效。例如"自由放声朗读"，教师提出了"读准字音，读出停顿，读出节奏"的朗读要求，检测学生对字音、节奏等基本知识的掌握情况。又如"诵读感知课文"，通过"能不能找出文章中前后矛盾之处"的设问，引导学生在朗读中思考，得出以"痴"概括全篇的结论，在"痴行""痴景"的朗读中感悟作者的"痴心"，并解决了最初的矛盾。"师生诵读挑战"中，教师的加入给予学生更多的学习动力，通过朗诵比赛完成对学习成果的及时反馈和巩固。如果从PQ4R学习策略或钱梦龙提出的自读步骤来看，本教学设计是否包含了这些策略和步骤？请尝试进行分析，并写出自己的观点。

钱梦龙老师讲，"教读"必须跟"自读"结合起来。本教学案例是一篇"教读"课文，但其中也给学生留下了自读探索的空间。请结合本案例，探讨"教"与"学"的关系，看看教师应该"教"些什么，教师又应该如何指导学生有效地"学"。

第三章　行为主义学习理论视域下的
语文学习活动

　　明代杨慎的《临江仙》词云："滚滚长江东逝水，浪花淘尽英雄。是非成败转头空。青山依旧在，几度夕阳红。"词人认为是非成败如东去逝水，如过眼烟云，不值得计较；只要你努力了，成功也罢，失败也罢，犹如青山夕照，精神永存。

第一节　行为主义学习理论的实践探究

　　"浮沉千古事，谁与问东流。"江水东流，古事沉浮，面对这种情境，神驰邈远历史，心系变迁天下，令人不由百感交集，勾起一种难以名状的复杂情怀。行为主义学习理论在国际上流行时间很长，同时也招致了各种批评。行为主义长时间流行，是因为它关注的是学习者的反应和学习目标之间的强化关系，这种强化提高了学习的有效性。行为主义遭遇批评，主要是因为它不关心学习给学习者带来的心理变化，忽视了学习者心理建构的意义。如果我们本着既不盲从又不全盘否定的态度看待行为主义学习理论，其会给语文学习带来启迪。

一、理论建构

（一）行为主义与反射弧

　　行为主义是 20 世纪初起源于美国的一个心理学流派，即"刺激—反应"学习理论，这是出现得最早、论述较多的一个心理学流派。代表人物是美国心理学家约翰·华生（John Watson）、爱德华·李·桑代克（Edward Lee Thorndike）和伯尔赫斯·弗雷德里克·斯金纳（Burrhus Frederic Skinner）等人。华生认为学习是以一种刺激替代另一种刺激建立条件反射的过程。他把由感觉器官到反应器官的简单通路叫作"短反射弧"，把较复杂的神经活动组织叫作"长反射弧"。

他认为，无论神经冲动的通路有多么复杂，上面描述的短反射弧的两个基本要素是必备的，即由感觉器官到脊髓或大脑的传入神经元、由脊髓或大脑通往肌肉和腺体的运动神经元。在华生看来，人类的绝大多数行为都是通过条件反射建立新"刺激—反应"联结而形成的。

桑代克的探索也被称为联结学习理论，他认为学习即形成"刺激—反应"之间的联结，学习是不断尝试错误的渐进过程。他提出了三条学习定律：①准备律，即学习者在学习时的预备定式，当某一刺激与某一反应准备联结时，给予联结就引起学习者的满意，反之就会引起烦恼；②练习律，是指一个学会了的"刺激—反应"之间的联结，练习和使用得越多，就越来越得到加强，反之会变弱；③效果律，是指如果一个动作跟随着情境中一个满意的变化，在类似的情境中这个动作重复的可能性将增加，但如果跟随的是一个不满意的变化，这个动作重复的可能性将减少。桑代克特别强调了学习后获得奖励对学习行为的强化作用，这也为后来的操作主义奠定了基础。

（二）斯金纳的操作行为主义

斯金纳被誉为"程序教学之父"，也是美国著名的新行为主义心理学家，其代表作之一《言语行为》提出了行为主义关于言语行为的最系统的观点。斯金纳认为，我们的行为是受它的前因和后果所制约的。行为是有机体对环境刺激的反应，并由于随后产生的积极的结果（强化）而得到巩固。斯金纳把行为分为应答性行为和操作性行为，并认为"完整有机体的大部分行为都是操作性的"。因此，斯金纳的行为主义也被称为操作行为主义。

斯金纳对言语行为的研究是以功能分析为出发点的。所谓功能分析就是"识别控制言语行为的各种变量，并详细说明这些变量是怎样相互作用来决定言语反应的"。这些变量应该用刺激、强化、剥夺等概念来描述。他用白鼠、鸽子等动物进行了有机体行为控制和行为改变方面的研究，并概括出操作条件作用的规律，提出了操作性条件反射学说。

斯金纳的操作学习与反射学习的重要区别在于：反射学习是一个"刺激—反应"（S-R）的过程，而操作学习却是一个"反应—刺激"（R-S）的过程。也就是说，如果一个操作发生后，接着呈现一个强化刺激，那么这个操作的强度就会增加。斯金纳设计了一种程序教学方法，主要包括五条基本原则：小步子原则、积极反应原则、及时强化原则、自定步调原则和低错误率原则。斯金纳的理论加速了心理学和教育学的有机结合，推动了教学手段的科学化和现代化，并且使个别化教学在中断多年后又重新活跃了起来。

斯金纳的理论对课程改革也具有现实意义：第一，他主张精心组织安排教材，列出最佳程序，为学生逐步掌握知识提供了保证；第二，他主张教学要考虑到学生的个别差异，既有利于优秀学生快速前进，也能使后进学生补习赶上；第三，他主张运用有效的积极强化手段，反对惩罚，以降低学生学习的错误率，加快学习速度，提高学习效率。

斯金纳强调强化在学习中的重要性。在他看来，大多数人类的行为都是通过学习得来的，而离开了强化，学习就难以进行。因此，强化在塑造行为和保持行为强度中是不可缺少的因素。他确定了一套强化程序，区分了不同的强化活动，在促进所希望的行为和抑制不期望的行为等方面都有独到的见解，从而构成了他的强化理论。

斯金纳根据人类行为受强化影响的程度，把强化分为一级强化和二级强化。一级强化是指满足人和动物生存、繁衍等基本生理需要的强化。一级强化物包括食物、水、安全、温暖等。二级强化是指任何一个中性刺激如果与一级强化物反复联合，它就能获得自身的强化性质。二级强化物包括金钱、学历、关注、赞同等，这些二级强化物初时并不具有强化的作用，而是由于它们同一级强化物相匹配而具有了强化的作用。斯金纳根据强化物的性质，把强化分为积极强化和消极强化（阳性强化和阴性强化或正强化和负强化）。积极强化是指由于一刺激物在个体做出某种反应（行为）后出现从而提高了该行为（反应）发生的概率，该刺激物称为积极强化物。消极强化是指由于一刺激物在个体做出某种反应（行为）后而予以排除从而减少了该行为发生的概率，该刺激物称为消极强化物。斯金纳认为，强化程序是一个反应接着一个强化刺激所组成的序列，由辨别刺激、反应和强化刺激三个相互关联的变量组成。

斯金纳的强化理论对教学产生了巨大的促进作用。实践证明：一个人学习或改变其行为的方式是根据他观察自己行动的结果而获得的；对所要求的作业强化越快，行为和重复就越有可能发生；强化次数越多，学生重复行动的可能性也越大；在一个行动之后没有给予强化，或者延缓强化，就会减少这一行动重复的可能性；对一个行动的间断性强化，会延长学生坚持其学习的时间而无须更进一步进行强化；用积极强化的手段来促使学生的行为发生变化，尽量避免使用惩罚的手段；运用适当的强化物，使用适宜的强化序列，可以促进希望的行为出现和避免不希望的行为出现，从而达到教育的目的。

行为主义学习理论家强调环境刺激对学习的作用，并且把焦点集中在行为——可观察到的反应上。教学过程具有很强的操作性，并通过反馈矫正使教学活动时刻受到有效性指标的监控。这也是行为主义学习理论被人们接受的主要原因。当然，行为主义学习理论也有它的局限性，也受到众多批评。任何一种教学理论都不可能完全适用于任何情境下的教学，因此，教学中更为重要的是认识到这种教学理论给予人们的启迪和思考。

二、案例研讨

以"学宋词，激发言语产品"为例。

（一）学习目标

了解学生语文学习的言语行为表现有哪些。

运用"刺激—反应"或强化理论分析案例中的教学策略。

（二）学习过程

首先，根据学习需要，将学生分为几个小组；每个小组选出组长、记录员、陈述人等。

其次，各小组阅读学习材料，组长组织大家从"问题讨论"中选择一个展开讨论，记录员记录主要观点。

最后，小组代表发表意见，教师进行简短点评。

（三）学习材料

《永遇乐·京口北固亭怀古》教学实录。

（四）课堂实录

师：各位同学，我们昨天学习了苏轼的《念奴娇·赤壁怀古》，词中作者的狂放与旷达大家觉得咱们班谁可以读出来？（同学推举）听朗读时请大家回顾昨天的板书（对该词的剖析图）。

（学生朗读《念奴娇·赤壁怀古》，众生鼓掌）

师：昨天我们学习的辛弃疾的《水龙吟·登建康赏心亭》，词人到底是怎样一种复杂的感情呢？同学们设计该词的剖析图选用的词是"哀"，但我觉得还可以是"悲痛"或"悲壮"。词中的"休说""羞见"要特别注意。"季鹰归未"，实际上张季鹰真的回去了，却用了一个问句。"羞见"前用"怕应"，恐怕应当不好意思去见刘备，所以这里有一种犹豫。我们应该如何读出来？

（学生朗读《水龙吟·登建康赏心亭》，众生鼓掌）

师：今天我们来学习《永遇乐·京口北固亭怀古》。这三首词的主题都是怀古，《念奴娇·赤壁怀古》怀了一个人，《水龙吟·登建康赏心亭》怀了三个人，而《永遇乐·京口北固亭怀古》应该是五个人，或者比五个人更多，但主要是五个人。我们先请同学来说一说词中与五个人相关的典故。

生：第一个是孙权，他是三国时吴国的国君，字仲谋。

生：曹操说，生子当如孙仲谋。

师：孙权19岁就接替父兄的大业，并将其发扬光大。所以曹操在南下时看到孙权威武齐整的军队，就不自觉地发出了这样的感叹。辛弃疾还有一首词，"年少万兜鍪，坐断东南战未休。天下英雄谁敌手？曹刘。生子当如孙仲谋"。本词中，也提到了"千古江山，英雄无觅，孙仲谋处"，辛弃疾同样非常崇拜孙权。好，孙权的介绍就到这里，第二个人是寄奴，寄奴我们有请×××来为我们介绍一下。

生：寄奴，是刘裕的小名，刘裕字德舆，是南朝时刘宋的开国皇帝。刘裕从小家境贫寒，在邻里的接济下长大，他长在京口，在京口起兵北伐，打败了桓温的儿子所建立的桓楚，慢慢壮大了自己的国家。

师：所以他是一个北伐成功的代表，那我们看辛弃疾是如何写刘裕在北伐时的战功的？

生：金戈铁马，气吞万里如虎。

师：感觉非常有气势，想想陆游写"铁马冰河入梦来"的时候，也是这样一种壮怀的感觉吧。第三个人是谁？

生：刘义隆是刘裕的儿子，他开启了"元嘉之治"，他非常厉害，在位期间为百姓做了很多好事，但最后被他儿子篡位。

师："那"赢得仓皇北顾"和刘义隆又是什么关系？

生：他三次北伐，继承了刘裕的北伐理念，但结果都不太好，尤其是第二次，使得北魏驱兵直入，所以"赢得仓皇北顾"。

师：他失败了，可是同学们有没有发现，他的用词好奇怪，"赢得仓皇北顾"，这个地方为什么用"赢"，谁来说一说？

生：我觉得他是草率地去北伐，结果被打败了，所以这是对刘义隆没有实力、没有战术的一种讽刺，也是作者对当时皇帝的一种暗讽吧。

师：说得很好，答案就在词中，"元嘉草草"的"草草"就是对刘义隆的一个评价，是在批评他、讽刺他，同时也是在暗讽当时的统治者——拓跋焘。

生：第四个人是拓跋焘，鲜卑族，北魏的第三位皇帝，小名佛狸。公元450年，他曾反击刘宋，两个月的时间里，兵锋南下，五路远征军分道并进，从黄河北岸一路穿插到长江北岸。在长江北岸瓜步山建立行宫。

师：那这个佛狸祠与他有什么关系？

生：自己家破人亡，供奉着北魏的皇帝，就是一种家仇国恨。

师：对，讲得非常好。第五个人是廉颇，廉颇的典故我们前面已经讲过了。接下来请大家在纸上为这首词画一幅剖析图，解析一下词的结构以及所表达的思想、感情。

（学生绘图，小组讨论）

师：谁愿意把你的剖析图放在投影上分享？（同学1分享）好，从这位同学的分析图可以看出，他的重点落在了作者的感情上，借古人讽今。（同学2分享）嗯，这个图还是一个"蛇形"，可字太多了，我们应该进一步提炼。（同学3分享）这幅图画出了国家全貌，从统治阶级到老百姓，回顾历史，自况身世，把下阕中三个人物分成两类写出来了，接下来我想分享一下我的剖析图（见图3-1）。

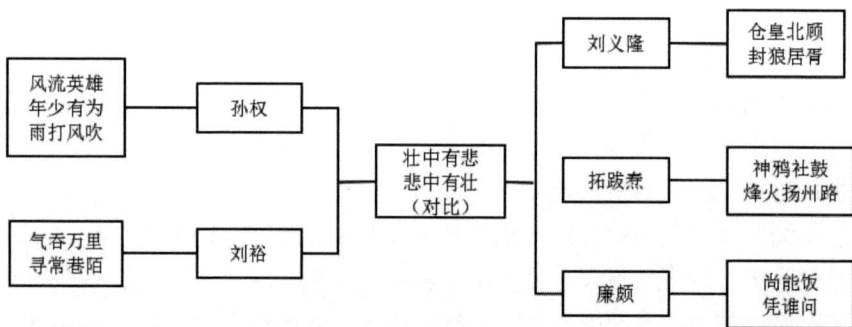

图3-1 《永遇乐·京口北固亭怀古》教师绘剖析图

师：请大家先来看看，我觉得写每个人的时候其实都有对比，上阕"壮中有悲"，"悲"就体现在"雨打风吹去，斜阳草树"；下阕"悲中有壮"，"壮"体现在对"封狼居胥"这样的功业的向往，"烽火扬州路"展现了作者的豪情，"尚能饭"，最起码我还能吃饭，身体还很好，还有能力带兵作战。

师：接下来我们再来分享同学们的剖析图（见图 3-2）。这位同学用了"英雄"和"狗熊"，还有"忘仇恨""无大略"，"美、憾、悲、愤"，感情非常丰富。因此，不知同学们发现了没有，当我们把怀古词中怀古的内容读懂的时候，我们就已经了解了作者内心深沉的感情。想必南宋人对这些典故大都是很熟悉的，而到了今天，我们对这些典故大都比较陌生，所以需要注释，需要让同学们提前去准备。而当我们熟悉了典故，背后的文化内涵就会跃然纸上。所以，大家需要多读多积累。

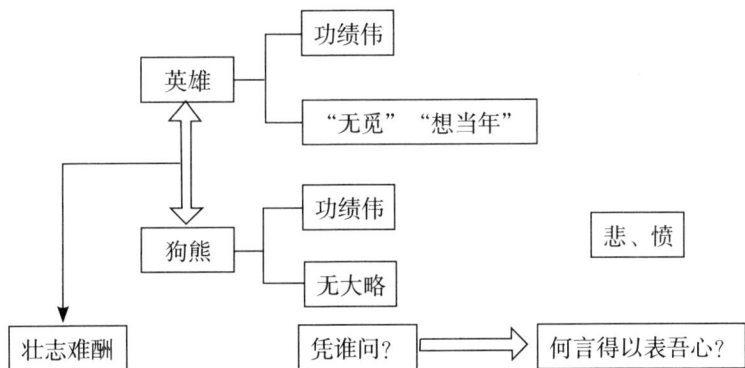

图 3-2　《永遇乐·京口北固亭怀古》学生绘剖析图

师：比如我们昨天学的"树犹如此"，在那个时候就是熟典。那么，现代歌词里面可不可以用典呢？前面我们分享《青花瓷》有用典。那几句最美的句子，请一位同学唱一下。

生：（唱《青花瓷》）天青色等烟雨，而我在等你，炊烟袅袅升起，隔江千万里。

师："天青色等烟雨"就是一个典故。宋徽宗做了一个梦，梦见雨过天晴，天青色的样子特别漂亮，他就问汝窑的师傅，能不能烧一个雨过天晴那样的颜色。雨过天晴究竟是什么颜色呢？那个师傅就等啊等，等烟雨过后看到底是哪种颜色。经过无数次的观察、模仿，才烧制成了汝窑的天青色。我们懂得了这个典故，再去看歌词，就更能理解"我等你"有多不易，就像"天青色等烟雨"一样。Z 同学那天给我们分享了她写的歌词，她把酒泉名字的来历写在了里面，我们看看跟谁有关系？

生众：霍去病。

师：那让她来给同学们演唱一下并说说其中的典故。

生：（唱）"少年生白发，莫说这风景旧曾谙。你千秋别悲怀，夜光杯尽明月去时晚。你看那左公柳叶飘，三人合怀抱。太白旧时，一醉言多少。"夜光杯是酒泉特产，典出"葡萄美酒夜光杯"。左公柳与左宗棠有关，他收复新疆时，沿途种下柳树。酒泉留存下来的这些柳树已经长得非常粗了，三个人才能环抱。李白喝醉后曾写过关于酒泉的诗。

师：好，同学们有没有发现，送别诗词往往是借景来抒情，可以把情感抒发得非常美好深厚；怀古诗词其实也是一样的。古人可以，咱们同学也可以！你读怀古词也好，唱现代歌词也好，不光要欣赏它的美，而且要关注其文化底蕴。所以，咱们也可以把怀古诗词写得非常好。所有同学齐声把《永遇乐·京口北固亭怀古》来背诵一遍。

（学生背诵）

师：今天的作业，请大家尝试写一段或一首怀古的现代歌词。

（设计者：西北师范大学附中 李静）

（五）问题讨论

按照行为主义代表人物华生的观点，学习的实质就是通过建立条件作用，形成刺激与反应之间联结的过程。在这则《永遇乐·京口北固亭怀古》的教学案例中，如果把"画这首词的结构剖析图"看作"反应"，那么"刺激"有哪些？"刺激"与"反应"之间是如何联结的？除"画结构剖析图"这一学习"反应"之外，该案例中还有哪些"反应"，与教学的"刺激"又是如何联结的？请结合案例进行分析，并与同伴展开讨论。

行为主义另一位代表人物桑代克的理论被称为联结学习理论。桑代克认为，学习的实质在于形成"刺激—反应"联结，而学习的过程是不断尝试错误的渐进过程。他的理论强调某个行为之后出现的刺激将影响未来的行为。例如，案例中李老师对学生"剖析图"的分享过程，可能会影响学生品鉴诗词的策略的形成。请仔细阅读并分析本案例，看看还有哪些地方可能符合桑代克的联结学习理论。

斯金纳的操作行为主义学习理论强调"强化"在学习中的重要性。他提出的积极反应原则、小步子原则、及时强化原则等，在教学中影响广泛。请分析本案例中，有哪些教学活动符合这些教学原则？根据这些原则，教师的教学设计还有哪些改进之处？尝试进行教学设计，并与同伴交流讨论。

三、专业反思

斯金纳的程序教学主要包括五条基本原则：小步子原则、积极反应原则、及时强化原则、自定步调原则和低错误率原则。你对斯金纳程序教学五原则怎样理解？希望你和同伴阅读相关书籍，发表各自的读书体会。

斯金纳的理论对课程改革也具有现实意义：首先，他主张精心组织安排教材；其次，他主张教学要考虑到学生的个别差异；最后，他主张运用有效的积极强化手段。学习前后，你对斯金纳的强化理论的认识有何变化？希望你和同伴讨论，陈述见解与大家分享。

在本节的开头，引用了明代杨慎《临江仙》、唐代薛莹《秋日湖上》中的诗句，学习后，希望就单元内容和诗句的联系发表自己的认识，并说说本单元引用古典诗句有什么意义。

学习了这个单元，应该明确下列概念：行为主义、操作学习、一级强化物、二级强化物、程序教学五原则。

第二节 语文学习活动中的操作实践

唐代诗人张祜有诗："海明先见日，江白迥闻风。"意思是，诗人要寻找的故人隐匿在茫茫烟波之中，然而诗人在大海黎明的刹那，最先看到了日出，从江上白浪滔天的远处，听到了风的声音。眼前壮观的景色，显然勾起了诗人对朋友的思念。诗的意境与将要学习的内容，即行为主义的理论及其探索者的实践有些相似之处。语文学习活动中的操作实践，就是指语文学习活动中的各种类型的评价活动。行为主义学习理论的强化活动关注强化的目的性和激励性，如果和语文学习活动相联系，这种强化活动相当于语文学习过程中的形成性评价和终结性评价活动。如果学习者的反应和预期的目标相一致，立即呈现一个强化刺激，那么这个学习操作的强度就会提高，学习质量就会有保障，接着就可以进行下一步的学习；如果学习者的反应和预期的目标不一致，就要回到原初的步骤重新开始学习。这种围绕学习目标及时进行的反馈矫正学习，对提高学习质量有一定的作用。行为主义学习理论近些年来受到了许多批评，有些批评也有道理，但是我们在批评的同时，还必须关注行为主义学习理论的积极意义。

一、知识链接

（一）语文课程评价的基本理念

教师在教授完一堂课、一个单元、一门课程时，如何知道教学实施的基本状况？学生是否达成了教学的目标？目标达成的程度如何？语文课程评价会尝试回答这些问题。语文课程评价，即以语文课程目标为依据，对学生语文学习发展状况、语文教师工作状况以及学校课程建设情况等进行质性描述与量化分析，是促进学生的语文素养提升和主体精神发展，提高语文教师的工作质量，促进语文课程不断发展提供反馈信息的过程。

语文课程评价要体现科学的教育观念和评价理论发展的趋势，强调评价的民主化和人性化，要重视被评价者的主体性发展以及评价对个体发展的激励作用。语文课程评价既要重视知识的获得，也要重视知识以外的综合素质的发展，尤其是创新、探究、合作与实践能力的发展，以适应现代社会人才发展多样化的要求。语文课程评价要关注被评价者之间的差异性和发展的不同需求，促进被评价者在原有水平上提高。评价方式多样化、评价主体多元化，有利于实现评价的科学性、实效性和操作性。根据以上理念，语文课程评价应该具有以下作用：有利于促进学生语文素养的全面发展；有利于提高语文教学的质量，促进语文教师的专业发展；有利于促进校本语文教学研究制度的完善与健康发展；有利于促进民主和谐校园文化的建设和发展；有利于多元评价主体、多种评价方法和评价工具最优化整合。

语文学习实践中的行为主义强化活动，特别关注前置性评价、形成性评价和终结性评价的作用，或者说特别关注学习前反馈、学习中反馈和学习后反馈的教育作用。学习反馈实际上就是强化活动，灵活使用各种类型的反馈强化，有利于提高教学活动的有效性。

教学前评价也被称为前置性评价、安置性评价或诊断性评价，是要回答"学生学习前的基础怎么样，如何根据学情调整将来的学习目标"等问题。教学前评价是指在开展语文教学之前，对学生的语文知识基础、学习态度、学习能力等进行评价，以便有针对性地制订教学方案，因地制宜地进行教学设计。教学前评价可以针对教学前所确立的长期、中期和短期教学目标进行现状评估，旨在了解学生实际的认知水平等，从而增强其学习的目的性，提升学习动机，并调整学习目标。

教学中评价也叫过程性评价或形成性评价，是要回答"学生现在做得怎么样，如何才能做得更好"等问题。教学中评价是指在语文教学过程中，对学生的言语能力、思维水平、情感状况、合作精神等方面进行及时的反馈与评价。教学中评价重视语文学习过程中对创造性思维、创造性言语行为的捕捉与激励；重视在真实学习情境中每一个学生的进步及其学习潜能的挖掘；重视合作精神的养成；重视教师对教学中问题的及时发现、教学方式的及时调试、对学生学习行为的有效引领。

教学后评价也叫终结性评价或结果性评价，是要回答"学生过去这个阶段做得怎么样"等问题。教学后评价是指在语文教学一个阶段即将结束时，对学习目标的达成情况进行反馈和评价。它包括学生对语文知识的掌握情况、对学习方法的运用水平、对学习态度的涵养程度、对学习计划的实施状况等进行评价的活动。教学后评价重视的是实施效果对教学计划的反思；重视学生的情感、态度与价值观的形成与发展意义；重视学生听、读、说、写言语能力的提高水平与历练途径；重视学生的审美趣味、审美能力、审美习惯的涵养过程与表现形式；重视评价反馈信息对促进学生发展、促进教师发展、促进学校整体发展的指导作用。

语文课程评价的方法主要包括量化评价和质性评价。量化评价一般是指运用标准化指标和数据等对语文课程的学习过程和结果进行描述、分析和评价的方法。量化评价常用的工具是测试（试卷），测试分标准化测试和教师自制的测试。标准化测试一般是由国家或地方教育行政部门提供的一种评价工具，试卷的效度、信度、难度、区分度一般都经过比较严谨的测量，试卷的客观题与主观题的比例、测试内容与测试能力目标的权重，一般都有比较严格的规定。标准化测试一般适用于大型考试，如中考、高考、研究生考试等。教师自制的测试一般比较灵活，测试目标的权重、主客观题的比例、测试的内容范围一般都根据教学的需要来确定。教师自制的测试适用于小型考试，如课堂测验、单元测验、期中测验等。质性评价一般是从质性角度对语文课程的学习过程和结果进行描述、分析和评价的方法。质性评价常用的工具是档案袋评价，档案袋里一般装有学生在较长一段时间内的学籍表、成绩册、班级与个人奖惩记录单，教师对学生的学习评价与德行评语等。档案袋材料也可以电子文档的形式保存在计算机中，作为纸质档案的补充。但在以考试成绩为主要评价指标的情况下，档案袋评价的很多作用未能发挥出来。

现在通常采用质性与量化相结合的评价方法，既考察语文课程学习过程的质性变化，又考察语文课程学习过程的量的特性。一方面运用质性思维方式，深入了解语文课程的特点与规律；另一方面要在此基础上，运用定量思维方式，对复杂的语文课程学习现象进行多层次、多侧面的分析和研究，并从它们的互相联系、互相影响中得出综合的、恰当的结论。

（二）语文考试的条件

语文考试是语文课程评价的关键环节，是检测学生语文学习效果的重要依据，是为语文教师改进教学过程、提高教学质量提供反馈信息的主要途径。

语文考试只有具备一定的条件，才能准确测量和客观反映学生的学习水平，预测学生未来的学习能力和发展趋势。语文考试最为核心、最为关键的工作是试卷的设计，语文试卷设计应当满足较高的效度和信度，语文试题应当具有适当的难度和合理的区分度。

所谓效度，是指从考试分数和其他评价结果得到的解释的适当性，也就是说试卷反映被试学生实际水平的有效性程度。效度的最高值为 1，最低值为 -1；效度值越高，说明试卷反映被试学生实际水平的程度越高。统计理论要求效度系数应在 0.4～0.7。

所谓信度，是指测试结果的一致性，即一次测试与另一次测试的结果是否说明了同样的问题。一般来说，试卷对教学内容的覆盖面越大，知识点越细，试卷越长，其信度就越高。因为这样的试卷提供了被试对象的较精确的样本，猜测等因素更容易被排除。试卷信度值一般在 0.5～0.8 就比较合适。

所谓难度，表示语文试题的难易程度，也就是学生对试题的通过率。难度值最大为 1，最小为 0，难度值越大，题目越容易。难度值在 0.4～0.7 最好。

所谓区分度，指某试题对不同水平的考生加以区分的程度。试题区分度在 0.4 以上为优良，0.3～0.39 为良好，需做一定修改，在 0.2 以下的试题应当淘汰。

考试结束后，可根据相关统计数字对试卷的整体设计和具体试题的答题情况进行分析和评价，可以结合常模参照或标准参照进行解释，写出分析报告。

语文考试的重要工作就是设计试卷，设计具有科学的效度、信度、难度、区分度的标准化语文试卷是一项复杂的工作，这种标准化的试卷一般用于大型考试。在学校里，教师经常采用的就是考试模拟题。语文考试模拟题是指模仿中考、高考试卷，为参加中考、高考的学生准备的演练资料。

二、案例研讨

以"诗词题目那些事儿——从'解题'到'得法'"为例。

（一）学习目标

联系行为主义学习理论，理解语文教学活动应该如何运用"强化"策略促进学习。

结合案例，理解如何正确发挥语文考试评价的作用。

（二）学习过程

首先，根据学习需要，将学生分为几个小组；每个小组选出组长、记录员、陈述人等。

其次，每个小组阅读学习材料，组长组织大家从"问题讨论"中选择一个展开讨论，记录员记录主要观点。

最后，小组代表发表意见，教师进行简短点评。

（三）学习材料

"我来出题你来答"教学实录。

设计思路：在教学中发现，学生面对诗词鉴赏题目时往往无从下手，缺乏有效的鉴赏技巧。本节课尝试从诗词题目入手，让学生自己出题、解题，了解诗词题目所蕴含的丰富信息，进而习得一定的诗词鉴赏方法。

（四）课堂实录

师：诗词之美，古来共谈。而"题者，额也；目者，眼也"，这节课我们就先来解解诗题。今天，反其道而行之，同学们不"答题"反"出题"。现在开始头脑风暴，请同学们说出你们知道的古诗词题目。

生众：《归田园居》《月下独酌》《记承天寺夜游》《春夜喜雨》《山居秋暝》《出塞》《长恨歌》《绝句》《征人怨》《近试上张水部》《长歌行》《观书有感》《西塞山怀古》《晚春江晴寄友人》《夜上受降城闻笛》《行军九日思长安故园》《题竹石》《春中田园作》《王充道送水仙花五十枝欣然会心为之作咏》《宣州谢朓楼饯别校书叔云》《咏柳》……

师：第一步，请仔细观察上述题目，看看哪些诗词的题目传递了情感的信息。比如《春夜喜雨》《长恨歌》，其中"喜""恨"两字，便奠定了整首诗的情感基调。再看看哪些诗词的题目表明了诗词主题。比如《观书有感》《西塞山怀古》的"有感""怀古"，可以猜测它们的主题分别是"说理"和"怀古"。第二步，请围绕第一步中你们的发现，开展小组合作，每组设计一道考试题目。内容、形式不限，阐述设计思路。一组出题，其他组的同学答题。第三步，我们将选出最优出题组，并邀请他们参与我们期中语文试卷的编制。

（演示文稿展示设计试题的要求：①题干的语言准确简练，题意明确；②试题内容以"诗题"为测试点；③难度适中，给出参考答案）

设计思路：出题、小组讨论、展示成果

第一小组：解诗题，连信息

生：这是我们小组出的一道连线题，设计思路是考查学生对诗词内容的熟悉程度，并学习根据题目分析诗词的方法。

题干：请找出下列诗题传递的信息，并将诗题与信息进行连线。

《短歌行》	交代写作时间、地点、对象
《田园乐》	
《咏山泉》	点明诗词体裁
《西宫春怨》	
《李凭箜篌引》	暗含诗词题材
《念奴娇·赤壁怀古》	
《芙蓉楼送辛渐》	奠定情感基调

教师评价：这是一道富有知识性且具有很强操作性的试题，兼具学习与考查的双重功能，足见诗词题目蕴藏信息之丰富。

第二小组：为自创诗词"冠名"

生：这是我们小组自创的一首诗。设计思路是通过给诗词取题目，考查学生对诗词内容的理解力以及概括和表达能力。

题干：请为下面这首诗取一个合适的题目。

瑟瑟秋风催细雨，衫衣忘裹骨寒侵。

天堂有鸟轻斑锈，黄尾无兰赭色新。

懒起凭栏歇绿幕，忧兄夜苦月寒侵。

巴山蜀水湿凉地，愿尔知温事事欣。

生1：从时间来看，应该是秋天，并且在下雨，天气又很冷；从情感来看，整首诗应该表达的是一种思念之情。我的题目是《雨后秋念》。

生2：我认为你的题目还差点意思。只看题目，会让人误以为是思念妻子或丈夫，而这首诗明显交代了思念的人是哥哥，所以我的题目是《秋念阿兄》。

生3：我补充一下。写作时间是在秋天，又是雨后，天气渐凉，作者一人闲居，便开始担心远在蜀地的哥哥是否寒冷，尾联又满怀对家兄的美好祝愿，可以说是给哥哥的寄语。整首诗既有对哥哥的思念、担忧之情，又充满着悲秋之感，所以我觉得可以取题为《秋凉闲卧赠蜀兄》。

教师评价：同学们自创的诗词可谓情真意切、文采斐然，给原创诗取题的设计也十分有新意。同学们的题目更是为这首诗增色不少。诗题虽简，却起到了画龙点睛的作用。

第三小组：依题填诗

生：我们小组拟定了诗题，答题者须根据诗题填写诗句。设计思路是考查学生对诗词所传达信息的归纳提取能力以及在具体语境中对语言的理解、运用能力。

题干：请根据诗题《咏胡杨》补充诗词内容，尽量对仗工整。

咏胡杨

黄沙漫卷逼天际，大漠遥遥 ＿＿＿＿＿。

拟向 ＿＿＿＿＿ 诉细语，喜当 ＿＿＿＿＿ 作衣裳。

参天林木根深断，异域胡杨枝叶昂。

＿＿＿＿＿＿＿＿＿＿，＿＿＿＿＿＿＿＿＿＿。

生1：题为《咏胡杨》，可见这是一首赞扬胡杨精神的咏物诗。首联我填写为"诉沧桑"，颔联填写为"风霜、朔漠"，诗词前两句体现了胡杨生存环境之恶劣。尾联我作"铁骨峥嵘扬壮志，千年不朽驻边疆"，一语双关，人们常常将胡杨与边疆将士联系起来，所以尾联我既是在写胡杨，又是在写边关战士们的铮铮铁骨，赞扬胡杨和边疆战士坚忍挺拔、守护一方的精神，与题目中的"咏"字相应。

生2：首联我填写为"绝离愁"，颔联填写为"风霜、雨雪"。"绝离愁"，赋予胡杨以人的情感，"风霜、雨雪"同样体现了胡杨生存环境的艰难。尾联我作"日暮风劲不动容，自迎暴雪覆尘沙"。我想咏叹胡杨不仅能够在艰苦的自然环境中傲然挺立，而且能够迎接挑战、保持淡定从容的精神，正如那句"千磨万击还坚劲，任尔东西南北风"。

教师评价：这道题和第二小组所出试题有着异曲同工之妙，根据诗题提示填词写句，很能考验各位"文人骚客"的创作能力。题、文相应十分重要，而"择题不佳则累其文，解题不慎则远其意"。

第四小组：谈诗题之妙

生：我们组的设计思路是以"诗题"本身为试题，答题者为"诗题"写话，考查学生的信息整合能力以及创新表达能力。

题干：请用一句话（诗、句子、对联……形式不限），点明诗题的重要作用。

如：题为诗魂，择题需慎；文应题作，题示文心。短短一句便可知晓题、文关系。

生1：诗题为目，明目可美其诗，可知其意。诗题虽简，可察其心，可体其情。

生2：人要衣装，文要题装；作诗有法，题文相应。题中有意，题中有情；读诗有宝，诗题为首。

生3：合佳题可成人间绝唱，三五字便藏诗之要旨。

教师评价：这是一道非常开放的试题，以"诗"作答，对很多同学来说是一个挑战。答题者不但要字斟句酌，而且要有很强的概括能力。同学们为"诗题"写话的成果正是对这节课的精要总结——诗题虽简，意蕴却丰，从诗词题目中可知体裁、主题、情感、时间、地点……诗词鉴赏需先鉴题。

（五）问题讨论

首先，考试一直以来是教师教学、学生学习的风向标，"考什么，教什么；考什么，学什么"，学生更是"谈考色变，谈题色变"。本案例围绕考试，却别出心裁：将出试题的主动权交给学生，激发学生热情，使学生积极参与到学习当中，并取得了创造性的学习成果。这节课中试题不仅仅作为评价工具而存在，它同时也是学生的学习资源，是激发学生学习动机的强化物。行为主义学习理论家强调环境刺激对学习的作用，并且把焦点集中在行为——可观察到的反应上，主张运用有效的积极强化手段，提高学习效率。"我来出题你来答"的活动，将内隐的认知活动转化为可见的学习行为，使学生的理解通过言语活动外化、可观察化。同时，通过设计开放性试题，激发学生富有个性的创意表达，促进了学生思维的建构，从而规避了行为主义不关心内隐的认知结构变化的倾向。你和同伴对此如何认识？写下来并与大家分享。

其次，从行为主义的视角来看，通过学习前反馈、学习中反馈以及学习后反馈可以促进学习效果的提升。一节课或一个单元的设计，也应当包含这三种具有不同功效的反馈。请结合案例，分析该教学设计是否关注到了这三种反馈，各自有着怎样的教学效果。如果你认为还存在不足之处，请结合语文课程评价理论进行改进，并与同伴分享。

最后，有人认为语文教育存在一种怪现象：教的不一定考，考的不一定教。即平时上课所学的课文基本不会出现在试卷上，而考试往往超出课堂教学的内容。你如何看待这一观点？本案例中，教师由浅入深地设计了"诗词题目"相关的语文活动，这些活动是否能够提升学生考场上诗词鉴赏的水平？请说说你的观点，并说明理由。

三、专业反思

首先，学习本节内容，应该区分行为主义学习理论的积极意义与消极意义。行为主义学习理论家主张要精心组织安排教材，列出最佳程序，主张教学要考虑到学生的个别差异，主张运用有效的积极强化手段等，对语文学习具有积极的指导意义。行为主义学习理论家不关心学习给学习者带来的心理变化，忽视学习者智慧的心理及情感的生成等建构意义，受到了理论界的批评，也从反面给语文教师和学习者以警示。学习了上述内容后，应该联系语文学习实践活动，关注学习者的反应和学习目标之间的强化联结，以增强语文学习的有效性。希望读者学习后撰写论文，发表自己的看法与大家分享。

其次，学习了这节内容，如果能够对看似极端矛盾其实对立统一的理论进行批判分析，站在"视界融合"的高度，寻求解决问题的发展之路，是一项很有创意的工作。如果有时间，希望读者和同伴能阅读相关书籍，深入研究这些问题，谈谈自己的学习体会。

再次，在本节的开头，引用了唐代张祜《题松汀驿》中的诗句，学习后，希望读者就单元内容和诗句的联系谈谈自己的认识，并说说本节引用古典诗句有什么意义。

最后，学习了这节内容，应该明确下列概念：操作实践、语文课程评价、量化评价、质性评价、教学前评价、教学中评价、教学后评价、语文考试条件、自学能力指导策略。

第四章　情境创设的路径探究

"情境"一词古已有之。20世纪80年代，情境教学在语文课堂中广为实践。在新课程新教材背景下，情境教学又有了新内涵。

第一节　高中语文情境教学的特点

一、对情境教学含义的多元解读

"情境"一向是语文教学的热词，是一个描述性的概念。《现代汉语词典》（第7版）中，"情境"释为"情景；境地"，也即"（具体场合的）情形；景象""生活上或工作上遇到的情况"。《汉语大词典》（第一版）中，"情境"释为"情景；环境"。按照这样的解释，可以推演出"教学情境"就是师生在进行教学活动时所处的教学环境。而在这样的教学环境中进行的教学活动就是情境教学。事实上，情境教学的概念在不断变化，情境教学的实践在持续发展中。

早在20世纪80年代中期，小学语文研究者李吉林老师就从外语情境教学中得到启示，从中国古典诗词的"意境说"中汲取营养，认为情境教学是指从情与境、情与辞、情与理、情与全面发展的辩证关系出发，创设典型的场景，激起儿童热烈的情绪，把情感活动和认知活动结合起来的一种教学模式。并在此基础上不断探究，从情境教学到情境教育，从语文学科延伸到全学科，从课内拓展到课外，再拓展到社会生活。李老师的研究针对小学语文教育中死记硬背、机械地练习、支离破碎地分析课文等现象，关注到了学习者的情感体验和认知动机等，研究时间跨度长、内容丰富。然而，从其对概念的阐释中反复出现的"情"这一高频字来看，其研究比较注重情感因素在语文教学中的作用，而对具有语文学科特质的语言运用等的关注较少。其主要研究对象是儿童，针对的是小学语文教学，虽然对于高中语文教学有一定的启发，但是针对性不足。

在 20 世纪 90 年代，随着二期课改的推进，情境教学的内涵也在不断变化和丰富。学者邓樊琼认为情境教学之"情境"，实际上就是人为优化了的环境，这种充满美感和智慧的环境氛围与学生的情感会发生共鸣而契合，促使学生在现实环境与活动的交互作用的统一和谐中，最终达到素质的全面提高与个性的充分发展。研究者将学生的情感体验和素质的全面提高相联系，并关注到了学生和环境与活动的交互性特点，使课堂教学由单向的知识传授转向动态的、双向的互动交流。然而，在如何创设情境方面，大多数研究者都比较关注外化的情境创设，如利用多媒体、表演朗读、情境的生活化等，造成形式大于内容的问题。学者徐丽军探索情境创设路径，提出"依循文本，依文本创设情境；把握重心，依中心创设情境；情境相合，依实际创设情境"的基本路径。徐丽军的研究使创设情境的路径重点回归到文本本身，具有一定的启发性。只是这一基本路径还需要进行具体的细化。

二、"双新"背景下高中语文情境教学的内涵与特点

2022 年版的新课标与实验版课标相比，"情境"一词的出现频率有明显变化。"情境"在实验版课标中仅仅出现了 3 次，在 2022 年版新课标中则出现了 40 余次。新课标中与"情境"有关的语词包括真实的语言运用情境、具体语言情境、学习情境、社会情境、运用语言文字的真实情境、交际情境、历史文化情境、阅读情境、语文学习情境、语文学习任务情境等。而实验版课标中只有自主学习情境、语言情境和创设情境。由此也可以看出，原本的老词"情境"在新课标、新教材（"双新"）背景下已经发生了很大的变化。

新课标明确提出，语文学科核心素养是学生在积极的语言实践活动中积累与构建起来，并在真实的语言运用情境中表现出来的语言能力及品质；是学生在语文学习中获得的语言知识与语言能力，思维方法与思维品质，情感、态度与价值观的综合体现。结合新课标，我们可以看出"情境"一词呈现的丰富特点。

提及"情境"一词，除了情感、生活、环境融合的情况外，语文情境教学还有如下特点：首先，语文情境中的"情境"要将文学特性作为出发点，更加注意语言的运用能力；其次，情境教学是将学生作为课堂的主体，淡化传统课堂中教师的主导地位；再次，提升学生动手实践的综合能力，课堂中主要从社会生活出发，提升学生学习的主观能动性；最后，在情境教学过程中要将任务群作为教学核心，将课程目标作为教学根本。因此，教师在教学前应充分解读新课标，以教材为依托，将上述特点和传统语文课堂知识相结合，在完成教学任务的同时，充

分提高学生学习兴趣，增强其综合能力、知识运用能力，使语文学科的核心素养得到整体提升。

三、教学中情境创设的实践误区与成因

面对新课标、新教材带来的新变化，在情境教学的内涵界定、基本策略、模式路径、课例探究等方面，都有更广阔的研究空间。然而，如何创设更适切的情境，教师经常会进入误区。在实际运用时，教师应注意少踩"雷"。常见的误区有以下几个：

（一）忽视学生主体，将情境教学等同于情感教育、思想教育

教师在课堂教学中大段抒情、独白，试图以自身语言的感染力感动学生。的确，教师需要锤炼课堂用语，以增强感染力。然而，过多的煽情反而会弱化学生自主的理性思考。比如，在统编版高中语文教材高一选择性必修上册《沁园春·长沙》这一课的教学设计中，有教师撰写了以下这段话来创设情境：

中国梦，一个雄奇壮丽的梦。东方睡狮古老中国一梦百年，醒于毛泽东。毛泽东以他的大气，抒中国少年之风发意气，启少年中国强盛之旅。初中时我们学过他的《沁园春·雪》（生齐背），诗人指点江山，写出了"俱往矣，数风流人物，还看今朝"的气魄。其实早在 1925 年，年轻的诗人就已经初露锋芒，显示出豪迈大气。

在这一大段教师独白中，非但煽情意味浓厚，而且直接限定了《沁园春·长沙》的特点——大气，因而取代了学生自主的阅读体验。有教师认为，所谓情境教学，就是教师按照一定的教学要求，通过朗读、讲解、问答等教学手段，对学生晓之以理，动之以情，把学生引入一个忘我的境地，使其产生思想感情的共鸣。从其对情境教学的认识就可以看出该教师的预设性太强，不仅忽视了学生的个体特征，也忽视了对学生思维的培养。而高中阶段，恰恰是需要引导学生通过语文学习培养独立思考能力，尤其是提升思维品质、涵养理性精神的关键阶段。因此，不能忽视学生的主体特征，仅凭教师的个人情感倾向或兴趣爱好创设情境。

（二）脱离文本语境，情境创设模式化

比如，在统编版高中语文教材高一选择性必修下册《祝福》一课的教学中，有教师先花了大半节课介绍小说的时代背景，或介绍绍兴的"祝福"习俗，或直接让学生观看电影《祝福》。这样并非不能介绍背景知识，只是过早地介绍文本外部的资料，容易使学生忽视文本内部特征，产生先入为主的印象，不利于培养

学生的自主鉴赏能力。不是说电影不能看，只是不能用这样的情境创设替代学生的文本阅读。语文文本的学习应通过语言情境，探究文本是怎样来达到现有效果的。脱离了文本语境，学生就很难对文本有深入的理解。前述的情境创设往往只是完成了主题的推演。脱离了对文本语境的探究，误以为情境就是运用多媒体、引用外部资源，那么情境创设就容易走向机械的模式化。

与其让学生先入为主地看电影，还不如创设具体的语言情境。例如，从祥林嫂说的"我真傻，真的"这句话理解祥林嫂这个人；从对两处"决计要走"的赏读分析"我"的形象等。这些话别有意味，在文本中多次出现，且每一次的语境义是不同的。这些语言可以说是作者的用意深刻处。"情境存留在语境之中"，重视文本语境，才能引导学生真正走进文本的意蕴层，感受语言文字的魅力，从而真正提升学生的语言素养。

（三）误解真实情境，情境创设机械化

有教师以为，新课标中"真实的语言运用情境"，就是要让学生走出课堂，走向生活。事实上，有些单元任务确实可以创设真实的生活情境。比如，在统编版高中语文教材高一必修上册第四单元"家乡文化生活"的教学中，可以尽可能地创设实践活动，鼓励学生接触社会，走近家乡，做一些实地调查、人物访谈等。然而，并非所有的情境都必须要求生活的真实、环境的真实。试想：在戏剧单元的教学中，是否一定要将《哈姆莱特》《雷雨》都排成课本剧？即便将它们排成了课本剧，又有什么具体要求和目标？王宁教授认为，所谓"真实"，是学生在继续学习和今后生活中能够遇到的，也就是能引起他们联想，启发他们往下思考，从而在这个思考过程中获得需要的办法，积累必要的资源，丰富语言文字运用的经验。可见，"真实"的对象并非"情境"本身，而是学生。判断是否"真实"在于衡量学生是否经历了知识动态建构的过程，积累了言语经验，提升了解决问题的能力。

上述这些误区产生的根源往往是教师对新课标中"情境教学"的基本特点缺少准确的理解。也就是说，理念上的偏差导致在实践操作中进入误区。

第二节 情境创设中的"双解"

在高中语文情境教学中，尤其是在阅读教学中，对于情境的创设，我们要重视"双解"——语文文本"解读"和言语、思维"解构"。

一、情境创设与语文文本解读

何为语文文本解读？我们可以先从文本解读说起，经由比较来加深认识。文本解读是指运用一定的阅读策略，对文本进行理解、分析、赏析和评价。相较于语文文本解读，文本解读的解读者和范围都要广得多。文本解读可以指向任何读者对任何类型文本的解读。文本可以包括日常生活中常见的报纸、杂志、公文、资料和文学作品等。而语文文本解读主要指教师和学生对教材文本的解读，也就是说，语文文本解读"是在教育教学场域中发生的，这种阅读形态和日常阅读、文学阅读是有些不一样的，这主要是因为这种阅读的目的、对象和情境不同"。语文文本解读不同于作家、大学教授、专家对文本的解读。语文文本解读既建立在教师充分了解学情的基础上，又基于对课程标准、教材内容的准确定位和认识。而只有进行了准确的语文文本解读，才能更好地创设贴合学情、符合"这一篇"特点的具有语文学习特征的情境。

由此可见，教师需要考虑语文文本解读的影响因素——课程标准、教材要求、学生状况等，才能更好地进行情境创设，否则，就容易陷入单求热闹、为了创设而创设的泥沼。比如，我们可以用"一千个读者，就有一千个哈姆莱特"这样的话来形容对文艺作品的文本解读。这体现了文本解读具有一定的开放度。而在教学中进行文本解读就不一样了，我们要在这"一千个哈姆莱特"中寻找最符合语文教学标准、最适合学生认知水平的那些"哈姆莱特"，这就有了限制性。

在实际课堂中，部分教师在情境创设时，不重视语文文本解读这一关，对于语文文本解读存在随意性和主观性。有的教师忽视学情，耽于自我个性的解读；有的教师一味强调学生主体意识，忽视对课标和教材的理解和把握。于是，部分教师创设的情境中，往往呈现出过于强调人文性、个性化，忽视文本个性特征与教学价值匹配度的特点。比如对于《祝福》这一课，如果不能很好地进行语文文本解读，往往会将《祝福》泛化笼统地理解成宣扬"封建礼教害死人"的作品。而事实上，不经过高中语文学习，一个普通读者似乎也能解读出这类思想，那么语文学习的意义何在？如果我们结合对新课标和新教材的把握，又能呈现怎样的一番"解读"呢？

小说《祝福》在统编教材中是高一语文必修下册第六单元的一篇课文。整个单元一共选取了五篇小说，分别是《祝福》《林教头风雪山神庙》《装在套子里的人》《促织》和《变形记（节选）》。所选的小说涉及古今中外，风格迥异。这一单元属于新课标"文学阅读与写作"任务群，要求学生"在人物与社会环境共生、互动的关系中认识人物性格的形成和发展，关注作品的社会批判性"。也就是说，对主人公"祥林嫂"这一人物形象的分析理解要与周围的人和环境相联系。别人怎么看待、对待祥林嫂？"鲁镇"这一环境又怎样影响着人际关系和人物的思想情感？此外，值得关注的是在这篇课文的"学习提示"中，提示学生思考故事中的"我"在"面对祥林嫂的不幸命运和悲惨结局，到底抱着怎样的态度"等。

借助这些思考，我们可以更准确而合宜地对课文《祝福》进行以下"解读"：鲁迅通过叙述祥林嫂的悲剧命运，挖掘了其不幸命运背后的社会根源，也通过叙述者"我"，表现出了有觉悟的启蒙知识分子存在的问题——与大众的隔膜感和自身的软弱性。这也符合鲁迅"引起疗救的注意"的写作目的。准确解读，为创设情境打下基础。我们由此可以利用问题情境进行创设，如思考"谁是害死祥林嫂的凶手"这个问题；也可以利用想象情境进行创设，如"设想祥林嫂是否有活下来的可能"。

二、情境创设与言语、思维解构

如果说语文文本解读是阅读教学中进行情境创设的基础，那么对学生"言语、思维的解构"就是情境创设的重要途径。之所以认为其重要，是由对新课标的理解所决定的。新课标认为，高中语文学科核心素养主要包括"语言建构与运用、思维发展与提升、审美鉴赏与创造、文化传承与理解"四个方面，其中"语言建构与运用是语文学科核心素养的基础"，而"语言的发展与思维的发展相互依存，相辅相成"。由此可见，提升学生的语文学科素养，首先不能回避"语言建构与运用"，语言建构了，思维自然得到发展。而要"建构"，可以先考虑"解构"。这是由于从高中语文学习的特点来看，高中生在初中阶段和日常语文学习中已经积累了一定的言语经验和思维能力。在高中语文学习阶段，要进一步获得这方面的提升，教师就要善于跳出和打破学生已有的言语经验和原有的思维方式。因此，教师在创设情境的过程中，可以考虑是否在一定程度上对文本进行了"解构"。

还是以《祝福》为例，当我们已有问题情境"谁是害死祥林嫂的凶手"后，还要关注情境创设的"语言点"。比如，小说中出现了两处"说不清"：一处是"我"与祥林嫂在谈论有无"魂灵"时，"我"说"说不清"；另一处是短工回答祥林嫂是什么时候死去的这一问题时，说"说不清"。"说不清"在一般日常语境中，含义多为说话不明白、没有条理等，而这两个"说不清"是有着特殊的意蕴的。"我"的"说不清"反映的既是"我"因良善而带来的纠结，也是"我"未能找到解救良方所带来的犹豫。"短工"的"说不清"体现了普通人的漠不关心，反映了世态炎凉的社会现状。如果教师在教学中，抓住类似这样的"语言点"进行问题情境的创设，就能打破学生日常对"说不清"这一语言的认识，重塑学生的言语经验，提升其思维水平。

事实上，语言运用过程是对语言运用规范的体验和认识过程，也是个体言语经验的形成过程，还是思维的发展与提升过程。语言学家弗迪南·德·索绪尔（Ferdinand de Saussure）认为，"语言"和"言语"是不一样的：语言是社会成员共同用来交际和交流思想的工具；言语则是个人运用语言的过程或结果。高中生的阅读应该从规范化阅读走向个性化阅读、思辨性阅读。语言运用是思维提升的重要途径。反过来说，思维的深刻性、敏捷性、灵活性、批判性和独创性可以促进语言运用能力的提高，从而构建新的言语系统。

从情境创设的具体操作看，"解构"可以从以下几方面入手：引导学生发现文本异常语句，段与段的逻辑关系，文本中别有意味的形式和不合常理的地方甚至是矛盾之处等。

比如，统编版高中语文教材高一必修下册第二单元的《雷雨（节选）》中重复了22次的"哦"，分别来自周朴园、鲁侍萍和鲁大海。这些"哦"在不同的语境中有不同的意味，可以说是重而不复、意在言外，这是典型的异常语言。

又如，统编版高中语文教材高一必修上册第七单元的《荷塘月色》中多处出现了语序颠倒的句子，如"墙外马路上孩子们的欢笑，已经听不见了""今晚却很好，虽然月光也还是淡淡的""白天里一定要做的事，一定要说的话，现在都可不理"，这是异常语句的搭配，颠倒的语序透露着作者淡淡的忧伤，想超脱而又无法超脱的隐忧，可以从中品读出作者蕴藏其中的深意。

三、情境创设中"双解"的价值意义

总而言之，"解读"是情境创设的基础，"解构"是情境创设的动态策略，最终形成的是学生特有的言语经验、知识系统。"解读"能准确定位课文的教学价值、学习核心内容和学习目标；"解构"的过程能直接激发学生的思维，使其走向灵活性、批判性和独创性，从而重新建构个体言语经验、知识系统。根据学习科学的研究，某学科领域的"元认知"未必就能在其他学科领域简单化地加以运用（迁移），要自觉地运用"元认知"，就得拥有从该学科教学中获得的特有经验。由此，教师需要对文本进行准确的"解读"，从而设计符合语文特质的具有"解构"特点的情境，以此引发学生的认知冲突，从而使学生获得更深刻的经验，这也是学生自觉运用"元认知"的必经之路。

第三节 高中语文教学文体的情境创设构想

一、散文教学中的情境创设

尽管散文在高中教材中所占比重大，学生在散文的阅读理解上还是有不少困惑。散文教学也存在这样的问题：课堂上表面热热闹闹，实质上空空洞洞、糊里糊涂。教师在文本外部的作者生平、背景等方面滔滔不绝，对文本内部的解读分析"却有时如蜻蜓点水，有时如木偶探海"。由此，情境的创设也成了一个摆设。原因何在？新课标在"文学阅读与写作"学习任务群中提出要"根据诗歌、散文、小说、剧本不同的艺术表现方式，从语言、构思、形象、意蕴、情感等多个角度欣赏作品，获得审美体验，认识作品的美学价值，发现作者独特的艺术创造"，并"结合所阅读的作品，了解诗歌、散文、小说、剧本写作的一般规律"。从新课标的描述看，散文教学的情境创设首先要抓住"这一类"的表现方式，才能读出"这一篇"的独特味道。因此，我们在设计散文的情境时，尤其要关注其独特样式带来的特征，由此探寻到此类文体的情境创设的基本路径。

（一）创设生活情境，还原作者意图

散文与诗歌相比，"散文倾向于形而下"，"形象是特殊的，也就是有具体的时间、地点、条件"，而"诗歌倾向于形而上"，"形象乃是概括的、普遍的，意象是没有时间、地点，甚至是没有性别的"。也就是说，散文相较于诗歌而言，更真实，更细节化、生活化。因而，在散文教学中可以创设生活情境，即利用文字描述、语言渲染、图片展示、音乐辅助、视频演示等手段引入日常生活景象，或激发学生情感，使其身临其境地进入作者情感世界；或引发认知冲突，由此比较散文表达内容的差异或散文语言形式的特殊性，从而还原作者创作意图。由于高中阶段的学生较初中阶段更需要提升思维品质的深刻性、独创性等，因此在创设生活情境时，要注意防止浅表化、单一的人文化等问题。

比如，统编版高中语文教材高一必修上册第六单元第13课由黑塞的《读书：

目的和前提》和王佐良的《上图书馆》两篇散文构成，这两篇散文都以个性化的笔调讲述了自己读书求学的经历与感悟。我们可以创设这样一些情境：

情境设计一："阅读之路有千万条"，你的"阅读之路"是怎样的？请描述你的"阅读之路"。

情境设计二：假如你与黑塞先生、王佐良先生相遇，并在某地进行一场以"阅读与人生"为主题的访谈。请你描述"某地"的理想场景，预设三个访谈问题，并依据课文试拟两位先生的回答。

情境设计三："5 分钟读完一本名著""3 分钟看完一部电影""10 分钟带你了解历史"……类似的"速成"短视频如今在网络上大受欢迎，结合课文内容和作者观点，对这一现象发表看法。

情境设计四："1910 年 5 月 16 日，在文华大学校内创办的文华公书林举行了开放典礼，深寓'公之于众而非为文华独有'之意，标志着中国近代第一个真正意义上的公共图书馆成立。"（转载自华中师范大学官网）此段文字与课文《上图书馆》的描述有何差异？请比较分析。

情境设计五：展示图书馆图片、影像资料，请学生描述自己所见到的图书馆和图书馆的故事，比较其与课文的差异，并分析产生差异的根源。

以上五个情境创设，都是利用生活情境激发学生的想象或日常语言经验，并由此进一步分析散文语言的独特性，从而体悟到作者的情感态度。比如，情境设计一的"阅读之路有千万条"本出自黑塞的《读书：目的和前提》，影片《流浪地球》带来了"道路千万条"的台词，且此台词一度成为热词，二者的巧合之处应该会给学生带来新鲜感。而需要注意的是情境设计一在学生生成个人的"阅读之路"后，还需要将学生的描述与课文文本作比较，发现其在语言形式、表现方式上的差异，从而真切体会到作者所要表达的情感，也就是说从学生的"我认为"过渡到"作者认为"。其中，"作者用怎样的形式表达他怎样的思想情感"是散文教学的重点。

因此，在创设这类生活情境时，要特别注意的是描述"生活"不是最终目标，而是要通过将"生活"与"文本"联系，发现"文本"与"生活"的差异。比如，情境设计四、情境设计五都是借助比较差异来发现作者独特的情感世界，从而打通文本"外在形式"与"内在情感"之间的关联。也就是说，创设生活情境不仅是让学生环顾身边熟悉的事物，激发其感性的认知，而且要从"已知"推向"未知"，比较差异，提升学生的理性认识，从而落实在"积极的语言实践活动"中提升学生学科核心素养的课程目标。

（二）创设问题情境，品味言说深意

散文和小说相比，具有"非虚构性"的特征。然而，散文的"真实"又非客观的真实。"散文中的言说对象，是个人化的言说对象，它唯有作者的眼所能见、耳所能闻、心所能感，而所见、所闻、所感以及引发的所思，落根在'这一篇'，通过独抒机心的章法、个性化的表达方式、流露心扉的语句来体现"，因而在创设散文教学的问题情境时，要始终关注问题指向是不是发现"这一篇"的言说深意。具体而言，可以采取以下做法。

1. 抓"矛盾点"

优秀的散文的语言，往往充满着所言非所指的"矛盾点"。教师在情境创设中如果能抓住这些"矛盾点"，就能激发学生的阅读期待，达到"一石激起千层浪"的效果。

比如，茨威格的《世间最美的坟墓》的开头写道："我在俄国所见到的景物再没有比托尔斯泰墓更宏伟、更感人的了。"学生可以找到这些不合常理的"矛盾点"：这样的墓怎么能称作"更宏伟""最美"？在我们乡间，这种朴素至极的坟墓随处可见，为什么我们没有觉得它们美呢？"朴素"为什么是"最美"的，甚至是"感人"的？实际上，茨威格的这篇散文作于 1928 年。作为世界作家团成员赴俄旅行期间，他看到了人民被激发起来的神秘热情和无法遏制的冲动，也看到了混乱、无序和狂躁。直到他参观了托翁的墓地—— 一世英名与最普通的坟墓之间、人们的心理定势与伟人的现实归宿之间形成一种巨大的反差。这种反差激荡起他的强烈感情，引发更深的敬意，因而"更宏伟""最美"恰恰表达了作者当时的一些真实感受。

在问题情境创设中，教师要善于挖掘"矛盾点"。"矛盾点"往往有悖于常理，似乎不合逻辑、不符合现实。然而，如果教师引导学生扣住文本，细细品味，就能借此让学生找到作者内心深处的一些东西，而探寻的过程，也就是培养学生语言敏感性的过程。因此，利用"矛盾点"，引导学生探寻作者的真正意图，也是散文情境教学中的一个着力点。

2. 抓"关节点"

散文的"关节点"是指连接句与句、段与段之间的关键词语。夏丏尊先生在《所谓文气》一文中认为，"多用接续词，把文句尽可能地上下关联，也是加强文气之一法"。

比如，在《黄州快哉亭记》的课堂设计中，教师可以让学生在诵读的过程中，

感受"文气"。举文中一节为例:

> 盖亭之所见,南北百里,东西一舍。涛澜汹涌,风云开阖。昼则舟楫出没于其前,夜则鱼龙悲啸于其下。变化倏忽,动心骇目,不可久视。今乃得玩之几席之上,举目而足。西望武昌诸山,冈陵起伏,草木行列,烟消日出。渔夫樵父之舍,皆可指数。此其所以为快哉者也。至于长洲之滨,故城之墟,曹孟德、孙仲谋之所睥睨,周瑜、陆逊之所骋骛。其流风遗迹,亦足以称快世俗。

文中"盖""则""乃"等接续词加强了文气,使读者读之有一泻千里之感。在问题情境的创设中,教师可以引导学生思考:如何读出作品的气脉?教师应指导学生在读的过程中,感受"则"句的短促,"乃"句的语气转换,"也"句语气放缓、总结上文,"至于"句语气大转换并另起一层意思,"之""亦"与之呼应。学生能关注这些"关节点",就能厘清文章思路,在念诵间,感受作品"气脉"产生的缘由。

3.抓"省略点"

散文往往有"欲说还休"的含蓄美,情境创设应多关注文章的"省略点"。从文本层面考虑,"省略"有两种类型,即意义的省略和事件的省略。比如,《项脊轩志》的结尾写道:"庭有枇杷树,吾妻死之年所手植也,今已亭亭如盖矣。"作者把睹物思情、对亡妻的悼念省略了,简洁而含蓄。这是意义的省略。《秦晋崤之战》省略了秦晋崤之战的战斗场面,转而写了蹇叔直谏未成、蹇叔哭师、王孙满观师、弦高犒秦师等场面。文章围绕蹇叔论战展开,以秦军东征活动始末为线索,从各个侧面印证文章开头蹇叔对这场战争的论析。作者意图不在叙战,而在论战。这是事件的省略。

从作者层面考虑,"省略"往往有两种意图:把不必说的删去,或把该说的故意隐藏。在问题情境的创设中,可以把这些"省略"补充完整,引导学生思考:为何作者在此处"省略"?从而使学生进一步厘清文章行文的侧重点、文章的脉络,探究作者的写作意图。

(三)创设对比情境,感悟内在意蕴

散文的重心是"我"。散文是带有强烈主观感情色彩的一种体裁。然而,优秀的散文有一个特征:情感的隐含性。作者往往运用各种技巧,隐藏那个"我"。因此,教师在教学散文时,如果能创设对比情境,引导学生对比作者使用"技巧"与否的差异之处,就能更好地分析文本背后"我"的情感,从而让学生更好地感悟作品的魅力和价值。

1.对比语序的变化

在语言形式上，句式语序的变化能使语句在语气、感情色彩等方面产生相应的变化。比如，《荷塘月色》有一句："今晚却很好，虽然月光也还是淡淡的。"这一句有语序的倒装。变化为以下常式句："虽然月光也还是淡淡的，今晚却很好。"两相比较，不难发现，"今晚却很好"不但能直接与前文的"有些怕人"形成句意的转折，表达了有淡淡月色的小路不再"怕人"，而是"很好"，更重要的是强调了"我"此时的情感——向往超脱、追求自由的愉悦感。故而尽管"月光也还是淡淡的"，也依然未减"我"的兴致。又如，在《拿来主义》中有这样一句话："'拿来主义'者是全不这样的。"我们可以变化语序，将这句话变为"'拿来主义'者是不全这样的"或者"'拿来主义'者全不是这样的"。这样，通过语序的变化，就可以在这些细微的差别中体会作者所要表达的真正含义及文中蕴含的情感。

因此，教师如果在创设的情境中，引导学生多留意语言中语序的变化，或在品味关键词句时，利用语序的颠倒来进行比较分析，就能让学生更好地领会句意文意，真正体会作者的本意，也能培养学生敏锐的语言感受力。

2.对比表达的差异

在散文中，作者可以灵活运用多种表达方式。教师在教学散文时，也要适当关注作者是如何转换表达方式的，以及为什么做这样的转换。比如，《跨越百年的美丽》一文，全篇绝大部分文字是叙述和议论。文中关于居里夫人的描写并不多，仅有的两处是语言描写。其中一处为："你说这镭会是什么样子？"另一处为："毫无疑问，我们家里人有天赋，必须使这种天赋由我们中的一个表现出来。"从现实角度考虑，人物的对话肯定有许多，而作者只把这几句作为描述隆重推出，这与作者所要表达的主旨与传达的情感是密切相关的。那么，教师若引导学生关注此类表达方式的转换，必能使学生感受到作者文字背后的真正用意，甚至对于学生的写作也是有帮助的。

3.对比修辞的使用

在散文中，借助修辞可以使抽象成为实在，使无形变得有形，使寻常变化为神奇。然而，优秀的散文绝没有为修辞而修辞的语句。我们细读文中的修辞，也就是体悟作者所要表达的情意。比如《世间最美的坟墓》，这篇短文中对托翁的墓的描写就有四处。而作者茨威格是力求作品简洁生动，反对作品烦冗拖沓的。那么，在这样一篇短文中，为何他要反复描写托翁的墓？我们细读后可以发现，在这四处描写中，茨威格运用了多种修辞，如类比、拟人、对比，所表达的情感、产生的效果也不一样。其中有一处写景描写："夏天，风儿在俯临这座无名者之墓的树木之间飒飒响着，和暖的阳光在坟头嬉戏；冬天，白雪温柔地覆盖这片幽暗的土地。"这里，作者运用了拟人的手法，不仅赋予自然以灵性、情感，渲染了托翁墓地圣洁美好的气氛，更重要的是，作者强烈的、被震撼的情感也在这里达到了顶点，越是强化拟人，抒情的、诗化的意味越是明显。

因而在创设对比情境时，在分析对比过程中也一定不能忘"我"——作者在背后的运作。研究修辞的核心不是学习修辞表达了什么意义，而是研究修辞如何表达情感、创造意义。

总之，教师在散文教学中的情境创设，需要首先考虑"这一类"文体带来的特殊性和"这一篇"课文体现的独特性。虽然在其他文体的教学中，也可以创设生活情境、问题情境、对比情境，但是因文体不同，具体创设的指向有很大的不同。教师要在充分尊重学生认知的基础上，以语言文字为创设情境的基本思考点，以便更好地把握散文的核心价值，从而培养学生对语言敏锐的感受力，提高学生的语言素养。

二、小说教学中的情境创设

小说教学在高中阅读教学中占有的比例亦不低。在统编版高中语文教材高一必修上册第一单元有茹志鹃的《百合花》、铁凝的《哦，香雪》，必修下册第六单元有古今中外的五篇中短篇小说，而在高二选择性必修阶段还有诸如《大卫·科波菲尔》《复活》《百年孤独》等长篇小说。中国古典小说《红楼梦》是统编教材中要求的唯一一本在必修阶段必读的小说。

如何教小说？在上海师范大学教授王荣生主编的《小说教学教什么》一书中，邓彤老师列举了目前小说教学中存在的一些现象，比如以社会学的角度解读《智取生辰纲》，比如思考杨志为什么丢失了生辰纲。这都是"非语文的小说教学"。还有将小说教学变成筛选信息阅读的"非文学的小说教学"，还有单纯体会诸如"夹叙夹议"技法而不考虑其是否为小说特有技法的"非小说的小说教学"，以及凡是讲小说总讲"人物、环境、情节、主题"的"类型化的小说教学"。总之，这些小说教学模式往往无法创设适宜的情境。

如何在小说教学中创设适宜的情境，需要多从小说的本质特点去考虑。"小说持续的感染力很大程度上在于它的协作性质，读者沉浸在人物的故事中，积极参与着意义的创造。与此同时，他们也享受愉悦，这快乐比从戏剧和电影里得到的间接体验更加私密。"读者对小说的体验及"意义的创造",是小说独特的魅力所在。因此,在小说教学的情境创设中,我们更要注重创设学生的"个人体验情境",以此来加强"意义的创造"。

(一)体验为先,方法为基

新课标对"个人体验情境"的解释是"指向学生个体独自开展的语文实践活动,如在文学作品阅读过程中体验丰富的情感,尝试不同的阅读方法以及创作文学作品等"。由此可见,体验情感、习得阅读方法、创作作品等都属于创设情境可以考虑的方向。

其一,就"体验情感"而言,小说教学首先要给予学生充分自主的阅读时间,而不应让教师过早地介绍自己对小说的理解,介入学生的阅读体验中。"我们所要的是读,是读的过程,是阅读过程中的喜怒哀乐、酸甜苦辣,是充分的体会、感受和移情。"因此,教师在教学前可以布置预习作业或规定阅读任务,让学生有时间充分地阅读。就篇幅而言,阅读微型小说或短篇小说,可以将整体的阅读感受和阅读困惑作为预习任务;阅读中长篇小说,除了将阅读感受和困惑作为预习任务外,还可以布置阅读分阶段打卡任务、总体内容概述和重点指定章节阅读任务等。教师可以提供少量适宜的学习情境来做引导式的阅读,但要注意不要增加过多的预设性内容或学习任务。要以激发学生"我要读"的兴趣和热情为目标和宗旨。若阅读任务繁重、细碎,学生难免会有"要我读"的压迫感,这样反而会让学生失去主动探索的动力,觉得兴味索然。就以高一语文选择性必修上册第三单元的《百年孤独(节选)》教学为例,是否有必要一定要在一个学期内将《百年孤独》整本书都读完?倒也未必。还是要根据各校学生的具体情况而定。再加上教材中这个单元还涉及《大卫·科波菲尔》《复活》两部长篇小说节选课文的学习,对大部分学生而言,可以选择其中一本作为学期重点阅读图书,其余的则可以作为寒暑假的兴趣阅读书籍。那么,教师在设计任务情境时,要求就不一样了。试比较下列两个情境设计:

情境设计一:《百年孤独》是拉丁美洲的历史缩影,描绘了布恩迪亚家族的孤独和最终的毁灭。请阅读整本书,找出其中具有隐喻色彩的内容加以分析研究,并撰写不少于 3000 字的论文。

情境设计二:莫言曾说,当他读《百年孤独》时,第一个感觉是"震撼"——原来小说可以这样写。请阅读整本书,用简洁的词句形容你的感觉,概述小说情节以及你在阅读过程中的发现,并请以小组为单位,设计一份 A4 纸大小的推荐宣传小海报。海报中的文字内容为 200～500 字，图片设计应与文字匹配。海报在班级内进行展示、解说和评奖。优秀作品将会推荐给学校校报和微信公众号。

这两个情境设计都有比较明确的任务安排。然而，情境设计一中"拉丁美洲的历史缩影"的判断对还没有阅读《百年孤独》的学生来说，似乎没有必要提前知道。"家族的孤独和最终的毁灭"有点类似"剧透"，或许会打击学生的阅读好奇心。"找出其中具有隐喻色彩的内容加以分析研究"，在阅读方面引导过于单一。"撰写不少于 3000 字的论文"，在读写结合的设计上有点简单了。论文如何写？写成什么样的？如何评价？这些都是教师在进行读写结合情境设计时，需要重点思考的，而情境设计一中并未涉及。情境设计二以莫言的感受作为导入，"震撼"一词能起到提高吸引力的作用。在情境设计中，布置小组合作式的阅读任务，能让学生在良好阅读氛围中互相促进，增加阅读体验的交流度。

其二，就"阅读方法"的指导而言，教师需要不断更新自己的知识库，不能总是用小说三要素分析法应付一切小说教学。然而，教师也不能生搬硬套，直接运用小说阅读理论和方法，而需要根据学情、课标和教材单元安排，将阅读方法纳入情境设计。比如，对于《祝福》一课，倪文尖老师提出了这样一组开掘"我"的作用的问题设计：

第一问：你是怎么注意到小说中"我"这一形象的？这个"我"与《故乡》中的"我"相比有什么异同？

第二问：结合你所了解的《故乡》的内容，努力想象，"我"为什么回乡？这次回乡之后，"我"有什么样的心理变化？

第三问：你如何理解小说中所说的"我也是一个谬种"？

第四问：小说为什么题为《祝福》？假如改作《祥林嫂的故事》，会对主题思想产生什么影响？

这四个问题环环相扣、设计精巧。第一问指向关注到小说中的"我"与散文中的"我"的区别。第二问承接前一问，又借助旧知具体细化，使学生深入文本，体会"我"的感受。也只有具体深入地体验感受，才会有第三问的深度理解分析。"谬种"是鲁四老爷提出的，而"我"怀疑自己也是一个"谬种"。那么，为什么"我"会产生这个念头？鲁迅为什么要叙写"我"的念头？第三问的思考空间很大。第四问是总结性的思考，只有好好深入文本，思考了第三问，才能更好地回答第四问。而这些问题，背后的指向是关于小说"虚构"和"叙述者"的特征以及相关理论。然而，在问题情境中，并没有直接出现令学生颇费思量的理论术语，而是借助步步为营的设计，启发学生在阅读过程中思考有价值的问题，从而去真正读懂一篇小说。

小说的阅读方法可以有三个方面：①主体态度，以怎样的阅读姿态来阅读小说；②体式的研究，不同的小说有不同的读法；③程序性的知识，如细节怎么读等。以方法为基，教师才需要知晓不同的读法、一些小说阅读的程序性知识，更需要对其进行教学转化，结合学情和具体文本特征，进行个性化情境设计。

（二）开拓"想象"空间

小说的最大特征在于虚构和叙述。虚构"是让读者通过这个虚拟的世界去感受一种别样的人生"。而且，体验这种"感受"，还可以开拓学生想象的空间。杜威认为，提出事实是为了刺激想象。如果能在新的情境中提示出事实来，那么想象自然就随之丰富了。而想象所特有的作用，在于发现在特有的感官知觉条件下，不能显示出来的现实性和可能性。在情境创设中，就可以利用"新的情境提示出事实"，从而激发学生的想象。

如何在"新的情境提示出事实"？可以重组小说的情节、品读小说的细节。比如小说《项链》一课的教学设计上，教师一般先对情节做梳理，往往会将情节概括为"借项链、失项链、赔项链、得知项链是假的"四个部分。接下来，教师可以设计这样的情境：如果你是编剧，导演需要你改编《项链》，且必须在四个部分中改变其中一个部分或一处语言，你会怎么改？这样设计的意图是，使学生想象具有编剧这一特殊身份后，从创作角度还原和分析原著中情节设置、细节语言等方面的巧妙用意。再如，寻找文本的不同版本让学生进行比较，如课文《促织》与吕毖《明朝小史》中的故事原型比较，《促织》的情节在《聊斋志异》青柯亭刻本与铸雪斋抄本中的异同比较，《套中人》《荷花淀》删改本与原本比较等，这些都可以在"新的情境提示出事实"，从一定程度上开拓了学生的想象空间，也提升了学生对小说的鉴赏力。

开拓学生的想象空间，需要教师将学生放入情境设计。正如夏丏尊所言，鉴赏的第一条件，是把"我"放入所鉴赏的对象，两相比较。一壁读，一壁自问："如果叫我来说，将怎样？"实际上，这个"如果"既激发了学生的想象力，同时又激发了学生的文本鉴赏力。把"我"放入所鉴赏的对象，使学生能循着文本的思维逻辑，展开合理的推理、想象，形成个性化的判断、鉴赏，从而获得丰富的个人体验。

（三）注重多元"对话"

创设个人体验情境，需要注重多元的"对话"空间。任何阅读体验中都具有作者、叙述者、其他人物、读者四者之间含蓄的对话。上述四者中，每一类人就其与其他三者中每一者的关系而言，都在价值的、道德的、认知的、审美的甚至是在身体轴心上，从同一到完全对立而变化不一。可见，在小说情境教学中利用多元"对话"，可以激发学生的思维能力，提升语言品质，从而使学生体悟小说真正的魅力所在。

我们可以与叙述者"对话"，来加强个人体验。教师在教授课文《大卫·科波菲尔（节选）》时，可以设计这样的情境：试从米考伯先生的叙述角度写一篇微型小说，可适当改变情节，需凸显你所要表达的小说主题等。

从叙述者的变化，可以观察到课文以"我"作为叙述者的独特之处。比如，阅读课文《项链》，为了让学生体会作者对叙述节奏和时间的处理艺术，可以设计以下这些情境：请用简洁的语言概述"一夜舞会"。再用描述性语言表现"十年还债"某一天的情境。

不同类型的小说，情境创设的侧重点不同。比如，高二语文选择性必修上册第三单元的《复活（节选）》和《大卫·科波菲尔（节选）》属于现实主义小说，重在表现人物形象和揭示社会现象，因而可以与人物"对话"，如可以设计以下情境：课文《复活（节选）》中多处描述了玛丝洛娃的"笑"，请赏析其"笑"的不同意味。

《老人与海》《百年孤独》是现代小说，重在表现情感和揭示人性，甚至包含某些作者意图表达的隐喻和象征。由此，可以与作者"对话"。如马尔克斯曾讲述其外祖母讲故事的方式，"她不动声色地给我讲过许多令人毛骨悚然的故事，仿佛是她刚刚亲眼看到似的。我发现，她讲得沉着冷静、绘声绘色，使故事听起来真实可信。我正是采用了我外祖母的这种方法创作《百年孤独》"。教师不妨问问学生以下问题：你能感受到这种"不动声色"吗？试探寻并鉴赏课文中"不动声色"的叙述。

小说的阅读体验往往比散文、诗歌更复杂。小说既有"情节的情感因果"，还常用情节"把人物打出常规"来"暴露人物的第二心态"，并"造成人物之间的情感错位"，以此产生小说的审美价值。因此，"对话"的空间可以被不断开掘，在"作者、叙述者、其他人物、读者四者之间的含蓄对话"过程中，教师可以设计情境，引导学生主动挖掘其潜在的意识、人格和人性。这也是小说情境设计的重要路径。比如，在《林教头风雪山神庙》一课的教学中，教师先设计问题情境：你知道《水浒传》中的哪些英雄？喜欢谁？

教师引导学生表达自己个人所理解的"英雄"特质，接着追问：从文本细节看，林冲具备你所理解的英雄特质吗？二者有何异同？这是让学生透过表面现象，挖掘林冲性格中的逆来顺受、委曲求全的一面。这样就颠覆了学生心中刻板的"英雄"形象，使学生对人物形象的分析走向具体和深刻。

而"小说的价值是开拓一个人类的精神世界。走进这个虚拟的世界，读者既与书中人物对话、与作者对话，也与另一个自我对话，这种精神活动对读者培养审美趣味、促进精神成长很有帮助"。因此，设计读写并结合情境，可以使学生在与书中人物、与作者、与另一个自我对话的过程中，加强个人体验，获得精神成长。比如，在课文《老人与海》（节选）的教学中，教师可以设计这样的情境：假如你是男孩马诺林，在圣地亚哥回家途中偶遇了他，你会怎么说？怎么做？请续写课文结尾，再比较原著中作者是怎么写的，有哪些语词感动了你？探究作者如何看待这场似乎"劳而无获"的斗争。

这样设计的意图是让学生通过改写的情境任务，与作者和圣地亚哥进行"对话"。同时，通过比较分析，探究"硬汉"形象的多重内涵，丰富学生对成功与失败的深层领悟，从而让学生获得深刻体验。

总之，在小说教学中创设个人体验情境时，教师首先要尊重学生的自主阅读感受，给予他们充足的阅读时间，以情境设计开辟广阔的阅读空间，重视开拓学生的想象空间，注重多元"对话"。这些都是学生进入情境的必要学习支架，也体现了教师情境设计的"独创性"。杜威认为，"所谓的独创性，是指学生对于问题有亲身探讨的兴趣，对于别人提供的暗示有反复深思的主动精神，并且真心实意地循此前进，导出经得起检验的结论"。教师在小说教学中进行适合而有独创性的个人体验情境设计，可以使学生有"亲自去想"的主动意识，并找到"循此前进"的路径，从而体验到真实的语言运用情境，感受到真正的小说阅读的乐趣。

三、戏剧教学中的情境创设

在高中阶段，语文教学中涉及不少戏剧经典，如曹禺的《雷雨》、莎士比亚的《哈姆莱特》、关汉卿的《窦娥冤》，以及易卜生的《玩偶之家》等。相对于其他文体，戏剧教学在情境创设方面更有空间。然而，在实际教学中，部分教师常常将戏剧教学的情境创设简单地等同于读一读、演一演，却忽略了戏剧本身的特征、规律，以及"这部剧"的特点，最后就容易陷入热热闹闹而喧嚣过后什么也没有的境地。新课标在学习任务群5"文学阅读与写作"中要求"根据诗歌、散文、小说、剧本不同的艺术表现方式，从语言、构思、形象、意蕴、情感等多个角度欣赏作品，获得审美体验，认识作品的美学价值，发现作者独特的艺术创造"，也就是说，戏剧教学要抓住与其他艺术样式不同的表现方式并寻找作家作品的"独特性"。故而在戏剧教学的情境创设中，教师可以从以下三方面入手，结合戏剧规律，进行贴合"这部剧"的情境设计。

（一）创设"解构式"体验情境

在戏剧教学中创设情境，不能简单地排演，或者像分析小说一样分析人物、情感。同样的情感和对象的特点，是要变成散文、诗歌、小说的形象，还是变成戏剧的形象，遵循的规律是大不相同的。因此，要善于设置"解构式"体验情境。所谓"解构"，在这里指分解学生原有的戏剧知识结构。也就是说，在初中阶段或日常生活中，学生已经接触了一些戏剧，而在高中阶段的戏剧教学中，教师应设计深度体验情境，消除学生以日常经验或其他文体的阅读经验代替戏剧阅读的习惯，以使学生形成关于戏剧的独特阅读经验。

以统编版高一语文必修下册《窦娥冤（节选）》一课为例，教师请学生比较以下两种情境设计。

情境设计一：

有网友认为，"窦娥"就是旧时代软弱可欺的传统女性形象，太可怜，哎！明明窦娥是被昏官错判死罪的，她却在【滚绣球】一曲中指责天地鬼神，反映了她软弱怕官的一面。在被押赴刑场的路上，窦娥要求刽子手走后街不走前街，她怕丢脸，也表现了她懦弱的一面。而临死前反复叮嘱婆婆要祭奠她，说明她对死亡很害怕。临刑前三桩誓愿都反映了她封建迷信的思想。对此你怎么看？请依据你对文本的分析，与网友进行对话。

情境设计二：

请以6～8人为一组，组成小话剧团，在课上演出课本剧《窦娥冤》。提示：①剧团中要有导演、编剧、演员、舞美等基本成员。②将课文《窦娥冤（节选）》改编成话剧，请尽量保留人物原有的形象特色。③导演、编剧、演员、舞美等剧团成员要共同参与改编，并从自己身份的角度，分析话剧和戏剧在语言形式上的异同。

这两个情境设计各有特色，也各有不足。如果不创设情境，可以直接请学生分析窦娥这一人物形象，这也是课堂设计中教师经常设计的环节。然而，与创设情境相比，这样的做法过于简单，很难激发学生的兴趣。情境设计一加入了网友的观点，尤其是具体到文本的部分情节乃至细节，这样创设可以解构学生将古典女性形象脸谱化的日常经验，以"对话"的形式冲击学生原有的认知局限，引导学生从唱词和念白入手分析人物形象，从而加强学生的个人体验。其不足之处在于情境创设并未完全考虑元杂剧的独特形式，如唱词与念白的不同作用、"本色派"的语言特点等，需要在开展情境活动的过程中，引导学生关注元杂剧的形式特点，从而更深入地进行体验。

情境设计二创设了小话剧团，通过改编课本剧，比较分析话剧与元杂剧的特点，既能使学生关注到元杂剧的特殊样式，又加强了学生的综合体验。然而，由于排演的是话剧，学生容易忽视元杂剧的特点，而只关注到话剧的特点。在开展情境活动的过程中，教师可以将元杂剧视频欣赏和话剧欣赏相结合，让学生进行比较探究。教师也要重视引导学生，通过对两者的比较，梳理元杂剧的独特性。这样创设情境，可以解构学生对古典戏剧特点的认知。也就是说，"解构式"体验情境的原则是打破学生原有的对戏剧的认知，重塑学生戏剧阅读的经验。只有这样，情境创设才有价值。

（二）创设"结构化"学习情境

新课标指出，要"通过梳理和整合，将积累的语言材料和学习的语文知识结构化"。在这里，知识可以是静态的"陈述性知识"，也可以是动态的"程序性知识"和个性化的"策略性知识"。从戏剧本身看，它是一种综合性艺术，涉及的知识十分繁杂。因而想要在教学中面面俱到，恐怕并不现实。"结构化"相对于"碎片化"，强调了知识的整体关联和实践运用。那么，在情境设计时就要考虑"这一篇""这一单元"的戏剧课文与哪些知识关联，哪些戏剧知识适合高中生进行梳理和整合，在学习情境中如何运用戏剧知识等。结合统编教材的特点，教师可以通过情境创设，重点梳理以下几方面的戏剧知识。

1. 悲剧的价值与意义

亚里士多德认为，悲剧是借引起怜悯和恐惧来使这些情绪得到净化。朱光潜在此基础上认为，悲剧是崇高的一种，与其他各种崇高一样具有令人生畏而又使人振奋鼓舞的力量。宗白华认为：悲剧是这壮阔而深邃的生活的具体表现；悲剧是生命充实的艺术。从这些对悲剧的诠释中，我们可以发现悲剧这一戏剧样式对欣赏者所能产生的影响和作用——净化情绪，心生敬畏，获得令人鼓舞的力量，感受生命的充实等。因此，在高中语文戏剧教学中，不可忽视悲剧欣赏所带来的特殊价值。统编教材高一必修下册第二单元的单元要求指出："学习本单元，通过阅读鉴赏、编排演出等活动深入理解戏剧作品，把握其悲剧意蕴，激发心中的良知与悲悯情怀。"那么，如何引导学生把握悲剧意蕴呢？教师可以创设这样的情境：设想当窦娥、鲁侍萍和哈姆莱特相逢，将会有一场怎样的对话？以高一语文必修下册第二单元课文为基础，3～4人为一组，创作剧本《悲剧的力量》。可以适当添加其他人物，如当代中学生、现代女性等。剧本主题方向为对悲剧人物、悲剧命运、悲剧价值的思考。

这样的情境设计将本单元三篇课文进行了整合，使"悲剧知识"在单元中得以"结构化"。将课文中主要悲剧人物的相逢作为假设情境，能碰撞出人物之间由于时代背景、价值观、人生观等存在差异所带来的冲突。而学生以团队形式，从创作角度重新审视这些作品，对悲剧意蕴有了进一步的思考。

2. 传统戏剧和现代戏剧

传统戏剧指的是中国古典戏剧和古希腊戏剧等，在高中阶段的课文是《窦娥冤（节选）》《哈姆莱特（节选）》。现代戏剧指的是 20 世纪初以来，发源于欧洲的，以话剧为主体，反映社会现实的戏剧样式，在高中阶段的课文是《雷雨（节选）》《玩偶之家（节选）》。不同的戏剧形态具有不同的特征，由此带来不同的情境设计。

比如，德国电影剧作家贝托尔特·布莱希特（Bertolt Brecht）指出，中国古典戏曲大量使用象征手法，一位将军在肩膀上插着几面小旗，小旗多少象征着他率领多少军队。穷人的服装也是绸缎做的，但它却由各种不同颜色的大小绸块缝制而成，这些不规则的布块意味着补丁。各种性格通过一定的脸谱简单地勾勒出来。这是在表演过程中体现中国戏剧特色的手法，需要学生学会鉴赏这样的手法。我们也可以创设图画情境，将元杂剧《窦娥冤》中的人物脸谱展示出来，结合剧本内容，分析其性格特点。

再如，华中师范大学文学院教授王先霈指出，用喜剧的结局给观众心理的安慰，表达的却是悲剧性的深沉感情，这是我国传统戏曲的一个很常见的模式、很重要的特点，代表了中国老百姓的道德倾向和审美倾向。也就是说，喜剧结局反映着传统戏剧欣赏者的普遍审美倾向。教师可以创设以下问题情境：有人认为，《窦娥冤》以窦娥申冤昭雪为结局，冲淡了其悲剧性。三桩誓愿从现实角度考虑，是无论如何都实现不了的，因此可以删除。你如何看待这一观点？请联系其他中

国传统戏曲，如《西厢记》《牡丹亭》等，结合中国古典戏剧创作特点和普遍的
审美、道德倾向，进行思考和分析。

又如，统编教材高二语文选择性必修中册的学习提示中指出："《玩偶之家》
属于社会问题剧，这是易卜生创造的戏剧类型，强调在舞台上呈现当代人的日常
生活（而不是古代王公贵族或骑士游侠的传奇故事），在戏剧中直接讨论当代社
会的重要问题。"这是其不可忽视的重要特点。那么，围绕这一特点，教师可以
创设这样的情境：《玩偶之家》的结局在出版之初便引起了社会各界的激烈争论。
有评论者认为，在最后一场中，娜拉突然展现了其雄辩的技巧，最后竟然击败海
尔茂并决然离家出走，这与她之前的性格不符，破坏了人物的统一性。也有评论
者认为，娜拉的出走恰恰体现了其性格的冲动和不理性，同时，这一结局具有时
代价值。你如何看待这样的结局？请结合当时的时代背景和文本内容加以分析。

以上这些情境设计，均能抓住不同的戏剧样式特征，以情境促进认知冲突，
引发问题思考，有助于学生灵活运用戏剧知识，整合梳理戏剧知识，从而使其"结
构化"。

3. 戏剧冲突和戏剧语言

矛盾冲突是戏剧的核心，也是戏剧区别于其他文学样式的重要特征。"一出
戏表现的是冲突、对抗的发生、发展和解决，一般来说，没有冲突就没有戏剧，
戏剧里的冲突越是尖锐激烈，戏剧性也就越强。"而戏剧语言具有丰富的动作性
和潜台词的特色，这些都体现了戏剧的独特性。如何在情境设计中使学生充分体
验戏剧冲突和戏剧语言带来的独特魅力？教师可以设计以下三种情境。

情境设计一：

在课文《雷雨（节选）》中，周冲只有一句台词："爸爸，这是不公平的。"
只有一个动作："愤然由中门下。"实际上，这个人物在整个剧中似乎也是可有
可无的，有人认为可以将这个人物除去。从戏剧冲突角度看，你认为这个人物在
剧中有何作用？

情境设计二：

《雷雨（节选）》中重复了 22 次的"哦"，分别来自周朴园、鲁侍萍和鲁大海。
请读一读这些"哦"，体会应该如何从音量、音长、音色、情感等方面读好这些
"哦"，并体会不同语境下"哦"的潜台词（即言外之意）。

情境设计三：

《雷雨（节选）》中，鲁侍萍有这样一句话："你自然想不到，侍萍的相貌

有一天会老得连你都不认识了。"陈思和教授评价这句话："真的是绝了，怎么能写出这样好的话！"请根据剧本内容，分析这句话背后有怎样的潜台词，体现人物怎样的性格特征，这句话究竟好在哪里。你还能从其他地方找到类似的体现人物个性特点的语言吗？

　　情境设计一关注到了课文中一个并不重要的角色周冲，并提示从戏剧冲突角度加以分析。而事实上，周冲这一角色体现了作者曹禺在作品中所寄寓的"爱和善"的理想。节选部分中，周冲面对鲁大海和周朴园的冲突，意识到不公平，使矛盾冲突更富有张力。周朴园面对的是亲生儿子鲁大海不认识自己并公然反抗，而另一个亲生儿子周冲居然也站在了自己的对立面，于是，周朴园一声"你少多嘴，出去！"让一副专制型家长的做派活灵活现。而结局中周冲的意外死亡，使情节冲突更达到高潮，年轻而无辜的生命的消亡增加了悲剧性，更凸显了在命运泥沼中挣扎的一家人的可悲，而其人性的单纯和善良更反衬了繁漪、周朴园、周萍等人的人性复杂性。

　　情境设计二和情境设计三引导学生关注戏剧语言丰富的潜台词，这是深入阅读戏剧的基础。对戏剧的鉴赏，不能简单停留在热闹一下演一演的层次，而是应该在细品语言中，感受作品独特的语言魅力和内在意蕴，真正体察到剧作家是如何运用个性化语言，构成戏剧冲突、推动情节发展、塑造人物形象的。

（三）创设"综合型"实践情境

　　戏剧是集语言、动作、音乐、舞蹈等为一体的综合性艺术，它在时间、空间上所受的限制更大。与其他文学类型相比，戏剧更注重观众的体验度。因此，结合戏剧特点，进行各种"综合型"实践情境的创设是戏剧教学情境设计重要的一部分，但它不是演一演那么简单。这里的"综合"指的是读、写、演、评的综合。

　　"读"是基础，指的是深入解读文本；"写"是发展，指的是编写演出本、改编原作、写点评鉴赏和演出后感想等写作形式；"演"是深化，指的是演出剧目，或者分享演示鉴赏分析剧本的成果等；"评"是目标，指的是设立明晰的过程性评价和成果评价。四者相辅相成，如此方可成为高中语文学习活动的组成部分。有教师曾组织多届学生排演《哈姆莱特》，效果各异。起初，课本剧都采取了"放羊式"的排演，学生出于活泼的天性，加上受到潮流风气的影响，就会自由发挥，将这一出经典悲剧改编得面目全非：哈姆莱特被演绎成了一个无所适从的懦夫，剧情虽搞笑，但严肃性全失，学生演出时也频频笑场。这样的改编达不到让学生鉴赏感悟经典的效果。因此，虽然说"一千个读者，就有一千个哈姆莱特"，但是这必须建立在准确解读文本的基础上。只有准确而深透地理解"哈姆莱特"，理解文本，才能在此基础上真正"写"得好，"演"得生动。至于"演"到底要达到什么程度，是否一定要全班动员，一起表演课本剧，这些都是值得商榷的。事实上，不用排演整部剧，单就重要情节进行演绎，也能达到鉴赏感悟的效果，甚至可以达到精读深悟的效果。比如，就"生存还是毁灭"这一段哈姆莱特著名的独白进行演绎，教师可以设计以下情境：

一个月后，班级将进行微话剧演出评比赛。请以 4 ～ 6 人为单位组成小组，共同探讨如何将"生存还是毁灭"这一段独白演绎好。

提示和要求如下：

首先，查读。利用中国知网查找资料，完成对《哈姆莱特》剧作和作者思想的研究综述，从而更好地完成对哈姆莱特这一人物形象的理解。

其次，研读。其中一人整合不少于 1000 字的研究综述，一人完成不少于 800 字的对哈姆莱特形象的赏析文章，其余人在此基础上，完成不少于 500 字的对"生存还是毁灭"这一段的鉴赏文章。

再次，演绎。在每人分享研读成果的基础上，小组推选一名能逼真演绎哈姆莱特的同学。小组成员共同探讨设计表演哈姆莱特这一段独白时的舞台布置，以及奥菲利亚的动作表演，并在演出后修改各自的鉴赏文字。

最后，评价。完成查读记录评价表、研读记录评价表、演绎记录评价表。

记录评价表，能有效引导学生达成既定目标，促进过程的合作研讨，使情境设计更明确，活动开展更规范，尤其对高中生而言，尽管他们受限于年龄、眼界、个人认知等，或许还无法演绎出最佳的"哈姆莱特"，但是，对于文本的研读探讨、聚焦于经典独白的细致琢磨，使他们能更深切地体会莎士比亚赋予哈姆莱特的人文主义理想和人格光辉，理解"忧郁王子"内心的矛盾冲突，感受经典戏剧塑造的人物的复杂性，从而体验到戏剧的独特魅力。

四、诗歌教学中的情境创设

朱光潜先生在《谈读诗与趣味的培养》中讲到读诗与文学趣味的关系，提出"一切纯文学都要有诗的特质"。他认为，诗比别类文学较谨严，较纯粹，较精致；要养成纯正的文学趣味，我们最好从读诗入手。能欣赏诗，自然能欣赏小说、戏剧及其他种类文学。由此可见，诗歌教学能培养学生纯正的文学趣味，使学生触类旁通，从而提升其欣赏能力和文化品位。如何进行诗歌教学的情境创设？我们可以从以下几个方面入手：

（一）创设吟诵情境——以声悟情

《红楼梦》四十八回中，香菱笑道："据我看来，诗的好处，有口里说不出来的意思，想去却是逼真的；有似乎无理的，想去却是有理有情的。"香菱读诗是根据她的直觉，这也是符合诗歌本身特征的。如今的学生，不再缺少诗集——如果他们喜欢，父母会买给他们；如果他们需要，网上有无数的评论——他们缺少的是内心真正的感动。因而教师在进行诗歌教学时，可以通过创设各种形式的吟诵情境，让文字的魅力通过声音直接击中学生，从而培养学生纯正的诗歌直觉，进而激发学生阅读诗歌的兴趣。

比如，《再别康桥》一课，可以进行这样的情境设计：

先请学生以他们喜爱的方式自由诵读《再别康桥》并写下初读感受，并启发学生：这样的一首好诗，如何读好它，真正打动自己也打动听众？然后，采取学生个人诵读与全班齐读相结合的形式，一句一句、一段一段地读，并通过教师对学生朗诵技巧（如轻重音、节奏、停连等）的点拨指导，让学生细细品味每一句的诗味。徐志摩曾说过："正如一个人身的秘密是它的血脉的流通，一首诗的秘密也就是它的内含的音节的匀整与流动。"这样，利用反复的诵读，学生能自然而然地感受到诗的节奏和流动感。接着，将电视剧《人间四月天》中的音乐作为背景音乐，进行配乐诗朗诵，使真情的朗诵和美妙的音乐合璧，在余音绕梁中结束课文的学习。

一方面，凭借吟诵情境，能再现诗歌意象，培养学生的审美感知力。当吟诵《再别康桥》时，"河畔的金柳""软泥上的青荇""榆荫下的一潭"无不激发学生的审美感知力。学生仿佛看到那夕阳下染成金色的柳树，清澈康河里青荇在招手摇摆，榆荫下的潭水如"天上虹"般五彩斑斓。感同身受后，才能对诗作进行合理的演绎，才能更好地感受诗意。因此，吟诵情境不仅是一种技巧，而且是一种"还原"。优秀的诗歌意象鲜明生动，凭借吟诵情境能对意象有直观的再现，丰富了学生的审美感知力。

另一方面，凭借吟诵情境，能再造诗歌形象，活跃学生的审美想象力。陆澄在《诗歌朗诵艺术》一书中认为，想象和感受一样，都是朗诵艺术创作中的重要"内部技巧"。既然将其称为"技巧"，也就是说想象是具有可驾驭性的。如在品读《再别康桥》的过程中，学生不仅仿佛看到了诗中的景物，还可以通过诵读想象，进入自我"物化"的境界——似乎自身也化为那"柔波"里的"一条水草"。

在反复吟诵中，学生还可以想象自己就是那挥手向西天云彩作别的诗人，从而渐渐体验到徐志摩对于康桥留恋、惜别、沉醉而又洒脱的复杂情感。在诵读中，教师需要指导学生"轻重音、节奏"等"外部技巧"，更需要引导和激发学生的审美想象力，使学生通过想象更好地体悟作品的情景意境，真正达到"以声悟情"的效果。

（二）创设涵泳情境——以品入味

宋代陆九渊《读书》诗云："读书切戒在慌忙，涵泳工夫兴味长。"指的就是阅读作品应该沉潜其中，反复玩味和推敲语言，以获得其言外之意。许多优秀诗歌的语言往往是有言外之意和弦外之音的，稍有疏忽，就容易使自己的感觉误入迷津。比如海子的《面朝大海　春暖花开》，这首诗初读会给人一种希望感，因而此诗经常被人用在两个地方：晚会上的诗朗诵和海景房广告中。然而，如果细细品味这首诗的语言，就会发现实际情况并非如此。"从明天起"暗含诗人今天的不幸福，最后两句"我只愿／面朝大海春暖花开"是诗人真诚祝福他人，但自己选择了离开、不介入、拒绝被尘世渗透的姿态和生存方式。因此，细读此诗，咀嚼诗歌语言，品味出的却是一种孤独感、背离感。再如，毛泽东的《沁园春·长沙》中"鹰击长空，鱼翔浅底"一句，为何是"击"而不是"飞"，是"翔"而不是"游"？那是由于"击"比"飞"更有搏击长空的力量感，"翔"比"游"更具有自由自在的意味。而"击"和"翔"两个字与"万类霜天竞自由"中的"竞"相呼应，体现了"在寥廓的宇宙空间，彼此都拥有极大的生存与发展的自由"。因此，我们读诗歌，不能在泛泛感受上止步。不仅要感受，还要思索和分辨，最好还能具体说出道理。这就需要我们创设情境，来涵泳诗歌的语言。

比如，学习舒婷的《双桅船》时，学生通过反复诵读，能感受到"船"与"岸"相遇又分离的特点。然而，他们往往会忽视"另一盏灯""另一个纬度"。"另一盏灯"是引导船前行的另一种更大的动力。"另一个纬度"代表船到达的一个新的岸、新的高度。因此，舒婷并不仅仅是表现了两种事物之间的分分合合，而是构建了一个不断进行的追求过程，即永无止境的"螺旋式上升"的过程。而这样的主题与《诗经》中的《蒹葭》、戴望舒的《雨巷》有相似点，皆表现了对若即若离的目标不断追寻、不断获得提升的过程。以对"彼岸"无限追寻为母题的文学作品自有其永恒的魅力。因此，笔者设计了这样的一个教学情境：

改写"雾湿双翼／风不容疑／昨日告别／今日重聚"。请学生将作品与原诗作比较，思考改写的诗缺少了什么。

这样设计的目的是：一方面，引导学生感受"可""再""呵""心爱"及"不怕天涯海角""岂在朝朝夕夕"等词句背后丰富的情感韵味，即船的强烈的恋岸情结与必然的出航意愿；另一方面，关注"另一个纬度"带来的言外之意，从而理性地把握诗意，感受到诗歌的理趣。这样读诗能使学生读得更新、感受更多，培养了学生的语言敏感度及学习诗歌的兴趣。

（三）创设活动情境——以动促赏

在教学中可以创设多种多样的活动情境，使学生在动态化情境活动中充分发挥个人才智，在活动实践中建构语文知识，提升对诗歌的感悟能力和鉴赏能力。

一是诗画结合活动。诗与画本是艺术的两个分支，有着密切的关系。苏轼这样评论王维的诗："味摩诘之诗，诗中有画。"在诗歌教学中，同样可以诗画结合。比如，在教学《沁园春·长沙》时，可以设计想象画面并绘画或描述画面的活动。这样做，一方面，学生能扣住主要意象分析其特点，进而感受诗情；另一方面，学生能获得直观感受，从而激发想象力，培养阅读诗歌的兴趣。

然而，值得注意的是，诗是语言的、时间的艺术，画是视觉的、空间的艺术，两者毕竟还是有所不同的。因此，不是所有的诗歌都适合开展诗画结合活动。比如，《双桅船》本身诗意的流动性和多义性使之很难用画面来描述。即便学生根据诗中的意象画出了船、岸、灯等，也对进一步理解诗歌没有多大帮助。

二是诗笔仿写活动。新课标的课程目标提出要"能运用祖国语言文字表达自己的审美体验，表达自己的情感、态度和观念，表现和创造自己心中的美好形象"。同时，新课标学业质量水平的质量描述部分指出要"尝试创作文学作品""有文学创作的兴趣和愿望，愿意用文学的形式表达自己的情感"。据此，一方面，笔者鼓励学生进行诗歌的自由创作；另一方面，笔者设计了多种多样的诗笔仿写活动。

仿写可以仿结构。比如上《相信未来》这一课时，笔者让学生模仿原作的基本结构，练练诗笔。学生跃跃欲试，留下不少好作品，如以下的学生习作：

正视苦难

当风风雨雨涤荡了风波岸的点点残血，当潮起潮落淹没了零丁洋的声声叹息，穿过历史的尘埃，我似乎听见伟人们的呼喊：正视苦难。

当苏格拉底带血的酒杯跌下刑台，当谭嗣同殷红一目点亮了黑夜里的火光，透过他们那深邃的目光，我似乎听见智者们的告诫：正视苦难。

即使远方的归雁再也带不回隐约的信息，即使在丰收的季节不能收获成功的喜悦，我依然双眸如水，荡漾着清波婉转，坚定地对自己说：正视苦难。

我之所以选择正视苦难，是因为我相信苦难的价值，它能唤起人们沉睡麻木的灵魂，它能深化人们对生命意义的认识。

幸福是灵魂的欢笑与歌唱，苦难是灵魂的呻吟与抗议，人们往往对苦难视而不见，却为幸福奏起响亮的凯歌。

但最美妙的好运也不该排除苦难，最耀眼的绚烂也要归于平淡，我一直有着这样的信仰，正视苦难的人胸中一定藏着永恒珍宝。

朋友，勇敢地正视苦难吧，正视已经发生的悲剧，正视注定发生的灾难，正视苦难，正视生活！

仿写还可以进行新旧诗体的改写。比如把新诗改写成古诗，或者把古诗改写成新诗。下面试摘一首学生改写的《诗经》版《再别康桥》：

翩然去兮，云霭依依。与子一别，不得语兮。康河浅浅，夕辉升起。予去如归，心难别矣。

翩然去焉，金柳绵绵。柔波微漾，青荇油然。榆荫忆梦，揉于藻兮。予去如回，心醉别矣。

翩然去否，星辉脉脉。长歌忽泯，夏虫低吟。康桥静默，离于笙兮。予去如还，心知别矣。

翩然去矣，云霭寂寂。与子一别，不得语兮。康河湛湛，夕辉落兮。予去如来，欣然别矣。

这样在仿写中"戴着镣铐跳舞"，在有所限制的同时，也给学生提供了一些"支架"性的帮助，更易激发学生的创作热情。

此外，在情境设计方面，还可以举办新诗朗诵比赛、绘制新诗海报、编制新诗作品集等。这些各式各样的活动也符合新课标"在语文实践中培养学生的语言文字运用能力"的基本理念。

青春是诗意盎然的年华。学生如果能"以声悟情"，享受诵读的情趣；能"以品入味"，享受探秘的理趣；能"以动促赏"，享受创造的乐趣，就一定会诗情高涨，诗兴大发。青春有诗，不留遗憾。

五、实用类文本教学中的情境创设

在阅读教学中，实用类文本经常是被忽视的。部分教师认为，和文学类文本相比，实用类文本语言通俗易懂，似乎不需要解读、鉴赏、品味。其实，从概念讲，实用类文本的范围是很广的，不仅仅包括我们平常理解的说明文，像新闻稿、演讲稿、会议记录、个人简历、宣传海报、计划书、规章制度等，都属于实用类文本。因此，单从提升语文学习者整体素养的角度考虑，如此庞大的集群也是不应该被忽视的。从课程标准看，该任务群学习的主要内容有两项：一是对实用类文本的阅读与理解；二是日常社会生活中所需要的口头与书面的表达交流。其目的是"丰富学生的生活经历和情感体验，提高阅读与表达交流的水平，增强适应社会、服务社会的能力"。由此可见，实用类文本与学生日常生活的关系应该是更密切的，其价值和意义不言而喻。

然而，问题的关键是，在语文教学中，相较于文学类文本，教师更要厘清实用类文本"哪些需要教""哪些不需要教"。或者说，哪些是语文教学的重点。在这类文本的情境创设中，这个思考很关键。我们先来看看钱梦龙老师的《死海不死》教学课例中的三个主要问题：

首先，请学生猜要上这一单元的哪一篇课文，提示：标题很能引起人们阅读的兴趣。

其次，请学生简单回顾地理课学习的关于死海的知识。结合课文和课后练习，讨论：什么知识可以不教？

最后，要学好这篇课文，哪些知识还是需要老师教的？

在解决第二个问题的过程中，学生很快发挥了积极主动性，认为像"列数字"等说明方法可以不教。而在第三个问题情境中，学生通过讨论对知识小品文的特征做了概括，并确定着重于"趣味性"来鉴赏文本。教师提示可以从材料的组织和语言表达两个方面琢磨。于是，学生在细读文本的过程中惊喜地发现：文本语句前后有呼应，转折词带来了情感变化，对读者产生了相应的效果，段落安排得当，等等。学生的思维从而得到激发和提升。

在这一课例中，回顾地理课上学习的关于死海的知识，是一个比较情境，使学生从对知识的识记中脱离出来，换一种鉴赏的眼光看文本。同时，我们可以看出：实用类文本的教学依然不可忽视对文本的解读。而解读的抓手应贴合两个方面：一是"这一类"文本的普遍性；二是"这一篇"文本的特殊性。"这一类"文本的普遍性指的是其文体特征和实用需求带来的普遍性特点，如概念、对象、观点的表述，层次、思路、逻辑的展开，语言、手法等的严谨准确等。而"这一篇"文本的特殊性指的是由于针对的读者群、写作目的、个人风格等不同所带来的文本特点，如材料组织的特殊安排、语言表达的个性色彩、写作意图的深度挖掘等。

因此，在这类文本的教学中，梳理文章思路、掌握阅读方法、品读特殊语言，并加以实践运用等是教师在创设情境时应该重点考虑的内容，至于知识性的内容反而是次要的。带着这样的思考，我们以统编教材高一语文必修下册第三单元为例，重点分析这一实用文单元定位、目标和教学设计，以及情境设计说明。

（一）单元定位

从单元导语看，这一单元的人文主题为"探索与发现"。从课标规定的学习任务群看，本单元属于实用类阅读与交流。在导语第二段，说明了这几篇文章的共同点：反映了自然科学和人文社会科学的多个领域中的探索与发现。在导语第三段，更明确了其文体定位于知识性读物。再具体来看，《青蒿素：人类征服疾病的一小步》《一名物理学家的教育历程》是科普文章，《中国建筑的特征》《说"木叶"》是学术论文、文艺随笔。因此，我们不能简单把它们视为说明文，也不能仅仅把知识性的内容作为教学的重点。

从单元导语第三段看，学习知识性读物的阅读方法是核心学习任务。具体包括：

首先，把握关键概念和术语，厘清文章思路。

其次，分析作者阐释说明、逻辑推理的方法，体会文章语言严谨准确的特点。

最后，运用所学的知识，探究实际问题，形成自己的见解。

（二）单元目标

首先，掌握知识性读物的阅读方法：把握关键概念和术语，厘清文章思路；分析作者阐释说明、逻辑推理的方法，体会文章语言严谨准确的特点。（单篇课文中的教学重点）

其次，比较和体会不同文本在思维方式和语言表达上的异同，从而感受不同领域学者的创新意识、探索精神和科学态度。（单元内多篇贯通的教学重点）

最后，学以致用，利用所学的知识技能或思维方式，探究实际问题，形成自己的思考和见解，并在写作中重视清晰地说明事理。（写作教学重点）

（三）情境创设

1.教学内容

第7课《青蒿素：人类征服疾病的一小步》《一名物理学家的教育历程》（2课时）。

2.教学目标

比较两篇文章阐释科学发现的不同思维方式和表现特点，体会科学探索的价值和科学精神。

3.情境创设

（1）环节一：新闻情境（意图：对文本整体的概括理解，可作为预习）

假如你是一名《科学报》的新闻记者，请根据课文内容分别撰写两篇200字以内的新闻简讯。第一篇侧重于介绍"青蒿素"及科学家研究的过程。第二篇侧重于报道加来道雄的教育历程。（简讯请以"本报讯"为开头，并注意叙述语言的客观真实性）

参考：

第一篇：本报讯 中国科学家屠呦呦带领团队研究青蒿获得成功，是克服困难不断前进的奋斗历程。青蒿素是运用现代科学和技术，对植物青蒿进行低温加热，提取其中的活性成分，在熔点为 $156 \sim 157\ ℃$ 时产生的无色晶体，即 $C_{15}H_{22}O_5$。1967 年启动项目，收集 2000 个方药，查阅了大量文献。1971 年 10 月 4 日，提取中性物，抗疟有了突破口。1972 年 11 月 8 日，找到熔点，发明青蒿素。1973 年秋，制成青蒿素胶囊。1986 年，青蒿素成为一类新药，影响世界。2002 年，青蒿素联合疗法在全世界广泛运用。

第二篇：本报讯 日裔美国理论物理学家加来道雄童年时代在茶园小池边，对鲤鱼世界进行观察和想象。讽刺"鲤鱼科学家"囿于自己的固陋，只相信看得见摸得着的事物，拒绝承认平行宇宙或多维空间的存在。由此，激发了他对高维世界的兴趣。八岁时，他听到关于爱因斯坦的故事，尤其是其未完成的理论论文，对此产生了强烈兴趣。在此激发下，他在图书馆和书店中查阅相关资料。在高中阶段，他看完了这方面的书并进行了科学实验，由此走上了科学探索之路。

（2）环节二：比较情境（意图：在细读中感受科普作品如何言说探索和发现）

第一，标题比较。

对于你撰写的两篇新闻简讯，你想要拟怎样的两个新闻标题？试着写一写，并与课文作比较。

新华社于 2019 年 1 月 10 日有一篇报道，题为《屠呦呦：青蒿素是中医药献给世界的一份礼物》，和课文标题《青蒿素：人类征服疾病的一小步》相比，有何差异？据此推测两篇文章的写作重点有何不同？结合课文内容证实你的想法。

参考：

课文标题侧重于青蒿素的发现过程对人类的价值和意义，"一小步"一词显得谦逊而严谨，也预示着未来发展前景的广阔。写作重点应该倾向于叙述科学发现的过程和对未来的展望。

新闻标题侧重于中医药的贡献。

与课文内容比较，课文还着重叙述了"从分子到药物"，即不断提纯，将天然分子变为药物的过程。充分展现了科学家不囿于现状，不断探索和突破的科学精神。"一小步"和课文内容中科学家不断进行科学探索的过程相联系，更凸显科学发现道路的艰辛、科学家的担当以及执着的精神。

第二，内容比较。

利用你所撰写的新闻简讯内容与课文作比较。同样是介绍青蒿素的发现，比较两篇文本，它们在叙述方式和语言特点上有何不同？

参考：

新闻简讯主要概括了青蒿素的发现过程，简略客观，以说明为主。

而课文的叙述采用时间顺序，运用小标题，以总述、分说、总结的结构，具体介绍青蒿素的整个研究过程。课文从1969年屠呦呦带领团队开展研究说起，一直说到2009年出书介绍青蒿素的研究过程和成果。40年的漫长研究过程，作者屠呦呦却以平静、朴实、简洁的笔调娓娓道来，并且选取精当的写作素材做简要介绍，清晰呈现了研究过程中的困难，更凸显了科学家不断挑战困难的热情，体现了科学家注重客观事实的严谨的科学态度，在创新中传承、在传承中创新的科学精神。这些都启发我们如何言说探索和发现。或者说，如何以一种简明扼要而又凸显关键事实的方式去言说科学探索。

叙述方式上，参考答案中的新闻简讯用的是第三人称叙述，属于客观呈现。课文运用了第一人称叙述，在科学普及青蒿素的发现时，更富于个人感情色彩。

比如，课文开头叙述童年的梦想，运用了"完全没有想到""我也从没梦想过"，将个人童年经历与成人后的不断探索最终获得发现巧妙地联系起来，用了"没有""从没"两个否定表达，分别修饰"想到""梦想过"，表明从事科学研究并不是由于受到急功近利思想的驱使；"完全""从没"表明没有例外、历来如此，在程度和时间上进行限制，突出科学研究的纯粹。通俗、简明的语言中包含着从事科学研究的严谨的态度和情感。

再如，课文在第二部分运用了更多的数字，如"2000""640""200""380余"

69

等，既体现了语言的科学性、准确性，又体现了科学探索不断求索的过程，还体现了科学家不畏艰难、反复验证、尊重真实的科学精神。

在这部分中，课文还叙述了一个事实：屠呦呦和同事勇敢做志愿者，第一批尝试青蒿提取物，以确认对人体的安全性。通过第一人称的叙述，在平静朴实的叙述中，我们更真切地感受到科学家勇于奉献的科学探索精神。

其实，在课文中我们还可以发现作者的情感蕴藉处，如五处出现的感叹句（建议学生读一读）。其中，三处在第二部分"发现青蒿素的抗疟疗效"，一处在第三部分"从分子到药物"，还有一处在结尾。前四处感叹句，表现了屠呦呦在科学探索道路上有了新发现、新成果后的激动心情。最后一处感叹句，强调了中医药学对世界的巨大贡献，和开头部分的"呼吁"形成照应，突出了文章的主旨。

然而，在总体上，作者的叙述又是非常平静的。比如，经过40多年漫长而艰巨的研究之路，在荣誉面前，是坦平从容的叙述："衷心感谢评委会对我在发现青蒿素及其治疗疟疾的功效等方面贡献的肯定。"又如，在困难面前，是冷静理性的叙述："然而，实验结果很难重复，而且似乎与文献记录相悖。"再如，在成果面前，是严谨淡然的叙述："于1972年11月8日，终于找到了这个熔点在$156 \sim 157$℃的无色晶体——$C_{15}H_{22}O_5$。"具体到日期，说明这一时刻的重要。具体到熔点的温度、分子式的表述，既反映科学家的严谨，又蕴含这一发现的重大意义。"终于"这一词语，看似平淡，但反复试验的艰辛都蕴藏其中，展现了一个优秀科学家执着而理性的科学观。

第三，寓意比较。

试将庄子的"游鱼之乐"与加来道雄的"鲤鱼世界"进行比较，体会二者的异同。

庄子与惠子游于濠梁之上。庄子曰："鲦鱼出游从容，是鱼之乐也。"惠子曰："子非鱼，安知鱼之乐？"庄子曰："子非我，安知我不知鱼之乐？"惠子曰："我非子，固不知子矣；子固非鱼也，子之不知鱼之乐，全矣！"庄子曰："请循其本。子曰'汝安知鱼乐'云者，既已知吾知之而问我。我知之濠上也。"

参考：

惠子所认为的"不知"，从客观世界的角度看事物，可以说是理性认知的"知"；而庄子的"我知之濠上也"，从主观体验的角度看事物，是追求生命的体验。

加来道雄在描述"鲤鱼世界"时，能如庄子一般，转换视角，以"鲤鱼"的视角看待这个世界。然而，加来道雄不同于庄子之处在于：借"鲤鱼科学家"面对外力、脱离常规的困惑、挣扎和解释，道出人类面临的同样处境——认知局限、自以为是的固陋，过分依赖看得见摸得着的事物，一旦事物超出自身的理解力就对其加以否定的僵化思维。或许这也是过分追求理性的"惠子"们经常遇到的困境。

加来道雄以形象生动有趣味的故事，讲述理论物理学家对于"平行宇宙""多维空间"的高深研究，通俗易懂而富有意味。一方面，体现加来道雄在童年时代就显现的丰富的想象力和思考力；另一方面，借加来道雄对人类认知的局限的审视——拒绝承认超出理解力的自然存在，只愿意承认看得见摸得着的事物，鄙视不能在实验室里便利验证的东西——暗讽自以为是的人类在思考问题的方式上的固陋和保守，由此推知人类对于多维空间研究的局限性。

这样的科普文章，就不仅仅具有科学性、生动性的特点，还兼具哲学意味。

第四，归纳总结。

比较《青蒿素：人类征服疾病的一小步》《一名物理学家的教育历程》两篇课文，在课堂上讨论分析二者的异同。

需要注意的是，学生在课堂讨论分析中，不可拘泥于固有答案，而应该注重对文本的具体分析和梳理概括。比如，可以在分析中穿插预设一些活动，引导学生关注文本的语言和结构。

（四）情境设计说明

在这一单元的教学设计中，笔者设计了多种情境教学，如利用新闻标题进行推断的情境设计、利用概念解说进行比较的情境设计、利用《庄子》中的语段进行比较的情境设计，以及结合现实生活的情境、表格情境等。利用这些具体的语言运用情境，促使学生在动态语言实践过程中，体悟实用类文本的独特意蕴，获得更深入的体验和更鲜明的感受。

以下这些情境设计也可供参考选用：

①在人教版必修3中，同样收入了《一名物理学家的教育历程》这篇文章作为课文。与本教材相比，人教版中还有一个题记。请从文章的整体思路考虑，以下题记该不该删？为什么？

我想知道上帝怎样创造了世界，对这样或那样的具体现象我不太感兴趣。我想知道世界的内在规律，其余则是细枝末节。——爱因斯坦

参考：

不该删。题记表达了作者对伟大的科学家爱因斯坦的崇敬之情，反映了这位科学家对其影响，而"想知道世界的内在规律"也是作者进行科学探究的原动力。

该删。尽管题记可以表达对爱因斯坦的崇敬，但是"对这样或那样的具体现象我不太感兴趣"的说法，与文章中作者述说自己童年时对池中鱼的遐想相矛盾。

②仔细阅读下列段落，梳理出科学研究需要的精神品质，作者开头特别叙述了三个问题，如果删除，似乎也并不影响整体理解，请思考这三个提问的作用。

我被这个故事迷住了。对于一个孩子来说，这是很神秘的。他未完成的工作是什么？他桌上论文的内容是什么？什么问题可能会如此难以解决而又非常重要，值得如此伟大的科学家把他的有生之年花费在这种研究之中？由于好奇，我就决定学习我能学到的关于爱因斯坦的一切，包括他的未完成的理论。我记得，我花了好多时间静静阅读我能找到的关于这个伟人和他的理论的每一本书。这种记忆到现在仍然温暖如春。我读完我们当地图书馆的书之后，就开始在全市搜寻图书馆和书店，急切地查找有关线索。不久我就知道这个故事比任何的神秘谋杀故事都更加激动人心，也比我曾想象的任何事情都重要。我决定要对这一秘密刨根究底，纵然为此而必须成为一名理论物理学家也在所不辞。

参考：

强烈的好奇心，大量的理论学习，甘之如饴的学习兴趣，刨根问底的探索精神……这三个连续的发问，承接上文"最使我对此人感兴趣的是他未完成自己的伟大发现就撒手人寰"，既展现当时年幼的作者强烈的好奇心，又更清晰地表明对科学持久的兴趣来源于对其本身知识的纯粹探索，而与外在的地位、成就等功利性的东西无关。

在这一段中，还可以关注这样的语句："这种记忆到现在仍然温暖如春。"作者用"温暖如春"形容其阅读前人理论的感受，贴切而独特。在一般人看来，学习理论知识或许是枯燥乏味的，还需要"好多时间"。而作者用"温暖如春"形容这种阅读记忆，呈现出一个科学家对学习始终保持的热情。这种热情不是瞬间的冲动，不需要痛苦的抵抗、难耐寂寞的忍受，而是一种内心宁静的享受。联系《论语》中孔子关于快乐的言语"饭疏食饮水，曲肱而枕之，乐亦在其中矣"，我们可以发现，越是纯粹、去功利化，越能获得内心真正的乐趣。在这一段里还有这样的语句："比任何的神秘谋杀故事都更加激动人心，也比我曾想象的任何事情都重要。"为什么和这两类事作比较呢？神秘谋杀故事固然与科学研究一样需要查找线索，然而，科学领域尤其是理论物理学的创新探索，显然比谋杀故事更吸引加来道雄，因为其不仅神秘，还可以超越答案，超越现实，超越想象。或者说，作者"刨根究底"和"在所不辞"地为科学事业奉献自身的原动力也在于此。因此，文中叙述看似平和，实则句与句之间是有因果逻辑存在的，这也是语言严谨准确的一种高阶体现。

第四节 "翻转课堂"与情境创设

2019 年 3 月，教育部印发《关于实施全国中小学教师信息技术应用能力提升工程 2.0 的意见》，指出信息技术应用能力是新时代高素质教师的核心素养，并在主要措施中提到打造技术创新课堂，提高应用信息技术进行学情分析、教学设计、学法指导和学业评价等的能力，破解教育教学重难点问题，满足学生个性化发展需求，助力学校教学创新。下面以华东师大版高中语文教材高三第五册《世间最美的坟墓》一课为例，谈谈情境创设如何应用于"翻转课堂"。

一、"翻转课堂"的实施过程

（一）微视频的设计、制作和发布

"翻转课堂"需要教师提前制作微视频。一开始，笔者制作了一段微视频，内容包括作品的时代背景、茨威格介绍、托尔斯泰生平介绍和美学基本知识介绍等。内容似乎很全面，但比较杂乱琐碎，而且不符合"翻转课堂"的要求。微视频是实现"翻转课堂"先学后教的载体，为课堂的研讨提供知识准备和讨论平台。因此，微视频的内容应该是集中而明确的，它和整堂课的教学设计应该是一个整体。或者讲，它是整个整体的起点。

基于这样的认识，笔者还是决定先回归教材，深入研究文本，依据学情，确立这篇文章的教学内容，然后在此基础上确定微视频的主题。对一篇散文来说，把握作者情感，无疑是教学内容中的重要部分。这篇文章中作者茨威格对托尔斯泰的敬仰、赞颂是显而易见的，对高中生来讲，读出这样的情感应该比较容易，甚至不需要教师的指导。可是，仅仅是这样一种感情吗？真正地把握作者情感，必须从精细地品味语言的过程中读得。然而，这是一篇外国作品，笔者查阅了德语原文和两种中译本，就发现了译文的许多处不同。因此，考虑到译者的因素，研究单个语词可能不太合理。不过，研究词与词、句与句之间的搭配关系是可以尝试的，因为语句结构是来自原作者的。

词语的搭配无外乎两种：一种是正常搭配，即符合一般语法规则、逻辑规律、语义特征和语用习惯的搭配。正常搭配重在语言表达的准确。另一种是超常搭配，即超出正常搭配的这些条件限制的搭配。超常搭配重在语言表达的艺术性。"最美"的"坟墓"无疑是具有超常搭配的特点的。从常理上看，坟墓一般不用"美"来形容，而二者这样有意地组合在一起，就有了一定的修辞意义，给读者以新鲜感。超常搭配在语义上表现为表层语义和深层语义不一致。表层语义是超常搭配中的词语字面意义，深层语义是搭配中的整体意义、作者意图。

超常搭配可以显示词语组合的巨大张力，蕴含着极为丰富的审美信息，可以最大限度地调动接受者的想象，激发他们的审美联想。就如《世间最美的坟墓》，这个题目便吸引着我们去探寻、去想象：什么是美？怎样才算得上是最美的？

超常搭配在散文中比较常见，如史铁生的《合欢树》中那一句"悲伤也成享受"。一开始，学生可能会觉得这句话不符事实，搭配有问题。我们一般讲到"享受"，总是搭配"快乐""成功"等，"悲伤"怎么也成一种享受了？其实，这是作者独自一人回忆往事，想起和母亲一起生活的点点滴滴、与母亲做灵魂的交流，因而感到幸福和温馨，产生了一种享受感，故而悲伤也成享受。再如，杨绛的《老王》描写老王"像棺材里倒出来的"，再搭配那句"说得可笑些"，显得如此异常，似乎作者的描写太冷漠。然而，恰恰是这样冷冰冰的描写暗含了作者当时与老王之间感情的隔膜。由此可见，超常搭配的语言形式恰恰是情感的迸发点。发现这些超常搭配，分析这样超常搭配的语词结构与作者心灵之间的关联，往往就能更深层次地理解文章主旨，读出一个立体的、真实的、活生生的作者。

于是，在预估学生学情并充分研读课文后，笔者把教学目标定为通过品读散文语言的"超常搭配"之处，感受作者复杂的情感。

确定好教学内容后，笔者把之前的微视频内容全部推翻。笔者强化散文语言分析方法，以课文中的一处语言现象为例，重点讲述了什么是超常搭配的语言。并利用学生已知的知识，以学过的课文《合欢树》《老王》为例，讲述"超常搭配"的语言会产生怎样的作用和效果，以及如何品味超常搭配的语言。这样来设计微视频的内容，主题较之前的更集中明确，也有利于课堂的推进。

能用于微视频制作的相关软件有许多种。比较简单的是利用电脑、电子白板加摄像头进行录屏，也可以用 Explain Everything、Camtasia Studio、WPS 等软件进行录屏。微视频需要控制时长，一般为 5～10 分钟。

笔者先制作了 PowerPoint 演示文稿，同时编写了与之相配的解说词。然后运用 Camtasia Studio 软件进行边解说边录屏的工作。制作完成后，把微视频发布在网上，并要求学生在课外先阅读课文，再观看微视频。学生看完微视频后，完成微视频中提出的三个问题，并把答案发送至笔者的电子邮箱。

（二）"翻转课堂"的情境设计和实施

在传统课堂中，对于《世间最美的坟墓》这篇课文的学习，尤其是超常搭配这一语用知识主要是通过课堂讲解进行的。在"翻转课堂"中，学生课前进行微视频的学习，初步掌握了这一知识点，也就是基本完成了"知识的传授"。这样，学生有备而来，使课堂的交流更具广度和深度，也使"知识的消化"在课堂中得到了更有效的解决。

因此，为了让学生对于"知识的消化"更充分，就要求教师在进行教学设计时，充分考虑学生活动的设计。"翻转课堂"应以学生活动情境为主，这样能使学生充分体验和运用知识。为此，整堂课笔者主要设计了以下三个学生活动情境。

活动情境一：

设置情境：假如你是景点管理者，请为托尔斯泰墓地写一份景点说明。

要求：①以小组合作形式展开，并做好记录。②抓住景点的特征，用语尽量简洁明白。

活动情境二：

比较文本与景点说明的区别。

活动情境三：

设置情境：如果你是作者茨威格，请你描述一下超常搭配语言背后的你的心理活动。

要求：请以"我想到……，所以我写下了……"的句式开头。

三个活动情境的展开都是为了达成这样的教学目标：通过品读散文语言的超常搭配之处，感受作者复杂的情感。而这样设计的意图在于：活动情境一是阅读文本的第一层次，利用景点说明概括墓地特征，也就是"体物"的过程。活动情境二通过文本与景点说明的比较，发现散文中作者蕴含的情感，也就是"悟情"的过程，这是阅读文本的第二层次。活动情境三是整堂课最重要也是最主要的活动，以此品味超常搭配的语言，从而把握作者的复杂情感，这就是"循文会心"的过程。三个活动情境之间有逻辑关联，也有一个由简入难的梯度。最终，学生通过品味一些超常搭配的语句，会发现作者不仅仅是要表达对托尔斯泰的敬仰，更表达了对朴素、自然、宁静的理想世界的肯定和对趋附声名、追求奢华、喧嚣嘈杂的现实世界的否定。这两种交织的情感隐藏在语词之中。因此，这是一篇平淡其外，激情其中，也是理性其中的散文。

（三）学生前测与后测的设计和反馈

在"翻转课堂"的设计中，对于学生学习微视频的学习效果的掌控也是非常重要的。这就需要设计前测或进阶作业来了解学生的学习情况。笔者设计了这样的前测：

首先，对于这篇文章，你的阅读感受是什么？

其次，在文本中，你还发现了哪些语句的超常搭配？作者为什么选择这样的搭配？

最后，你在阅读的过程中产生了什么疑问？（建议：结合课文和视频完成问题）

学生能通过电子邮箱进行即时反馈，笔者也能及时了解学生对这篇文章的阅读感受，对超常搭配这个语用知识的掌握程度，以及产生的阅读困惑，并能依据反馈情况对课堂教学设计做调整。从前测反馈看，大多数学生能基本了解超常搭配这个语用学术语，并能据此找到许多文本中出现的超常搭配的语句，这说明微视频起到了作用。

课堂教学结束后，笔者还设计了后测，用后测检验整个"翻转课堂"的教学效果。从后测情况看，班级92%的学生认可"翻转课堂"这一形式。其中，55%的学生认为课前观看微视频能加深自己对课文的理解，激发对这篇课文的兴趣；23%的学生认为"有备而来"的学习使他们增加了学习的自信；14%的学生认为讨论的时间增多了，课堂更活跃了。

二、基于"翻转课堂"的情境创设

"翻转课堂"需要教师制作微视频。微视频在时长上需要控制在5～10分钟。这就要求教师的语言要精练，不能有多余的话。其实，微视频制作在技术上没有难度，难点在情境创设上。"翻转课堂"是一个整体的"学习设计"。微视频应该是课堂教学的前提（逻辑起点）和（知识与技能的）基础，整个课堂教学活动应该基于微视频而展开。不过，微视频固然重要，更重要的是如何支配课堂上多出来的时间。"翻转课堂"的重心应在情境设计上。精心设计情境活动，更有利于学生在课堂上进行"知识的内化"，否则"翻转"就失去了意义。这些都要求教师不仅要改进教学技术，还需转变教学观念，真正构建以学生为中心的课堂。在《世间最美的坟墓》一课的教学设计上，笔者认为首要问题还是对课文教学内容的确定和情境的创设。只有依据学情，挖掘出文本真正的教学价值，确定文本的教学内容和情境创设，翻转才真正有意义。这样，做出来的微视频的内容才能明确而集中，设计的情境活动才能有效而深入。

"翻转课堂"将教学的重心转移到学生的需求上，更有利于情境创设，使情境教学能更充分地开展。微视频的课前学习方式能使学生自主掌控学习的节奏、进度，并且能随时随地学习，甚至反复地学习。这样能从根本上解决传统课堂因为时间限制所致的学生在知识理解上存在的问题，从而建立学生的自信，激发学生的学习兴趣。如果不采取"翻转课堂"教学方式，对于《世间最美的坟墓》这篇课文，要在1课时内完成品味超常搭配的语言，从而感受作者复杂情感这一教学目标是有难度的。原因在于既要讲述超常搭配这一语用学的概念，又要细读文本，学生可能难以消化。常规的处理是把真正有难度的语言赏析作为回家作业。然而，在"翻转课堂"中，将超常搭配这一部分知识呈现的过程做成微视频，学生经过预习，上课就能"有备而来"。

从文本特征看，《世间最美的坟墓》是一篇看似简单实则蕴藉深远的文章。对于这类文章，如何使学生"于无疑处生疑"，这是我们在情境创设时应该考虑的问题。"翻转"的过程，实际上就是让学生"生疑"的过程。只有使学生达到"愤""悱"的状态，才能真正激发学生学习的兴趣。

在前测的反馈中，学生大多能读出茨威格对托尔斯泰的敬仰之情。同时，学生也提出了这样一些阅读中产生的疑惑：本文主要写了托尔斯泰令人敬佩的精神和其朴素本质，但全文着重于坟墓描写，对其中之人托尔斯泰却只字未提。这样写虽与题目呼应，但感觉缺少了深层原因，令人不解——托尔斯泰的墓为什么会给人以强烈的震撼？文末将托尔斯泰的墓与莎士比亚等其他伟人的墓相比，说托尔斯泰墓最能"剧烈震撼每一个人内心深藏着的感情"，是否言过其实？

从学生的疑惑看，学生其实还未能很好地把握作者言语背后的复杂情感。笔者从前测的问题反馈中了解了学生掌握知识的程度，从学生的疑惑入手，对情境设计进行了调整。这样做，能充分考虑学生的已知和未知，将教学的重心真正转移到学生的需求上。

课堂实施过程表明：得益于学生对微视频的学习和前测的反馈，笔者有效掌握了学情；学生对于学习重点更加明确；课堂活动得到了充分展开，也给了课堂交流更多的时空。与以往传统的教学模式相比，"翻转课堂"更有利于学生思维的深化。以往，笔者在教授《世间最美的坟墓》时，常常觉得课堂容量大。这是由于笔者自认为要"交代"给学生的东西太多，如讲托尔斯泰、讲茨威格、讲美学知识，还要让学生品味语言。这样，学生独立思考的空间不足，品味文本的活动不够充分。而"翻转课堂"可以把本该在课堂上讲解的知识点放到课前，让学生进行初步的学习；课堂上，就以学生的初步学习为教学起点，展开充分的交流与活动，给情境创设留出空间，这样学生思考得更加深入，也大大提升了课堂教学的效益。

第五章　高中语文社会交往类文本教学情境创设

社会交往类文本是实用类文本的重要组成部分，《普通高中语文课程标准》（2020 年修订版）明确提出社会交往类文本是"实用性阅读与交流"任务群中的重要教学内容。社会交往是现代生活中不可或缺的环节，学生学习社会交往类文本有助于提升其社会交际能力，但社会交往类文本的教学实践研究相对薄弱。情境教学是通过还原社会交往的场景和营造具体可感的互动氛围，在课堂上给予学生真实的活动体验感的教学方法。

第一节　高中语文社会交往类文本的特征与情境创设原则

一、文本特征

社会交往类文本研究可参考的资料不够丰富，但实用类文本包含社会交往类文本，因此，可以将实用类文本作为突破口来分析社会交往类文本的特质。教师在创设情境之前，明确社会交往类文本的主要特点，能够创设与文本更加契合的情境。

（一）互动性

"互动"，最早源于英文"interactive"，作为汉语词汇，"互"指相互，"动"是变化，互动指彼此联系，相互作用的过程。法国当代著名思想家埃德加·莫兰（Edgar Morin）的《方法：天然之天性》中，"互动"被解释为"在场的或在影响范围内的成分、物体、对象或现象相互改变对方行为和性质的作用"。因此，互动要有主体，且数量在两个及以上；还需要多主体之间发生相互影响，这种影响需要通过一定媒介来传递。因此，本书将"互动"理解为个体与个体之间、个体和群体之间的交往活动，互动的产生需要语言或者其他的媒介手段。所以与人互动的客体不局限于人，也有可能是某种载体，这种媒介手段在传播载体上的体现称作互动性。

互动性是社会交往类文本最显著的特征，它决定这类文章以解决实际问题或传播某消息为主要目的。社会交往类文本的内容是各种社会交际活动的书面形式表达，信息的传递通过开展活动，进行人与文本、人与人之间的交流与分享来达成。例如，演讲是演讲者与听众进行互动交流的语言交际活动，是演讲者旨在让他人接受自己的见解和主张而写作的文本，是作者为了与读者进行思想、观点上的互动交流的文本。随着时代发展，文本更是突破作者与受众之间的时空距离进行交流互动。读者在阅读古文古诗时，便是突破时空距离与古人进行思想上的交锋。又如，《谏逐客书》是李斯为了传达"驱逐客卿"政令是错误决定的信息，以奏疏为媒介和秦王进行交流互动；《在〈人民报〉创刊纪念会上的演说》是马克思为宣告"无产阶级会终结资产阶级的使命，赞颂无产阶级登上革命舞台"的信息，通过演说词这一媒介，与英国工人、无产阶级革命参与者等人进行的互动。

（二）针对性

针对性指文本有明确写作对象、阅读对象及具体情境。文本写作对象和读者不是随机产生的，是某人为了传达信息、解决实际问题等与特定团体进行互动交流，因此是具体特定的。正因为文本有针对性，所以文章具有明确的写作目的，且言说方式、主体内容与层次结构等都要与作者创作意图相呼应。例如，《巴尔扎克葬词》的文体为悼词，文章内容具有鲜明针对性的特点，如：

当一个崇高的英灵，庄严地走进另一世界的时候……

从今以后，他将和祖国的星星一起，熠熠闪耀于我们上空的云层之上。

文章多用雅词，在表达哀悼之情的同时以巴尔扎克的逝世启迪和警醒世人，原因在于阅读的对象是来参加葬礼的人们，其中不仅有逝者的亲人、朋友，还有景仰逝者的法国公众。如：

他的一生是短暂的，然而也是饱满的，作品比岁月还多。

行文意为巴尔扎克在短暂的生命时光里，创作了丰厚的作品。这句话表达了作者积极的生死观和对逝者的崇高评价，也是针对巴尔扎克的特定评价。以上体现了文本有指定写作对象和写作内容的特点。

那如何理解文本有着具体情境呢？文本都有特定的使用场景。例如，活动策划书这类文本是对活动细则、开展背景、实施过程等进行详细介绍，使读者在明确活动主要内容后做出选择，以完成某项任务的载体。演讲、致辞等是发言人为了让特定团体了解自己的想法而发表的言论，一般文章的语言较为通俗易懂，观点清晰明了，读者一听便能获取关键信息。

如《就任北京大学校长之演说》，演讲对象是当时的北大学子，面对他们，作者之所以使用文白夹杂的言说方式，原因在于若选择晦涩的文言文与当时社会白话文正兴的现状不迎合，若完全用白话文来演说又不具文学性，文中特色表达如：

予今余长斯校，请更以三事为诸君告。

大学者，研究高深学问者也。

文本的整体结构是文言文，文章中有如"余""诸君""者……也"的文言字词和句式。

例如：

诸君为大学学生，地位甚高，肩此重任，责无旁贷。

诸君肄业于此，或三年，或四年，时间不为不多，苟能爱惜光阴，孜孜求学，则求造诣，容有底止。

当时处于文言文向白话文过渡的阶段，这种文言文被称为浅意性的文言文。其中多用短句，有白话文的简洁明快，便于学生理解。

文章的言说方式还与发言人的身份相关，例如，发言人为学术派人士，他的发言中一定会有一些固定表达并兼顾典雅性，就像梁启超在演说"敬业与乐业"内涵时具有独具特色的幽默。所以，教师在教学时要强调并帮助学生掌握不同类型文章的言说方式和使用情境，让他们处在不同社会场景中仍能恰当地使用文本。

（三）实用性

社会交往类文本主要是为了解决生活中的实际问题，其本身具有实用价值。高中生在此前的交往活动多以学校生活为主，社会性质的交际互动较少甚至没有。所以，教师在教授社会交往类文本时，要充分利用学校资源，尽可能地让学生学会运用社会交往类文本，了解社会交往的重要性。在"培养学生获取知识信息、领会文本思想内涵、鉴别文本的实用价值或科学价值的能力"的同时，为学生应对未来工作生活中的问题和处理社会交际关系打下基础。

开展社会交往类文本教学时，要明确实用性是指文章有具体、实际的写作目的，其写法一般是非虚构的，并能起到相应的作用。譬如《我有一个梦想》是为了处理"改善黑人生活，给予他们正常权利"的问题，马丁·路德·金通过演讲的方式，让更多黑人认清现实，为自由平等而斗争，发挥传递信息、获取认同、鼓动的作用。因此，教师在设计教学内容时，应以文章的实用价值为起点考虑，把握其实际功用。同样是教授《我有一个梦想》，如果教师将讲解重点设定为对"梦想"含义的理解，就没有注重课文的实用价值。教师应该注重对这篇演讲词气势磅礴的排比、具有强烈反差的对比的语言特点和表达形式的学习；把握演讲词针对性、鼓动性的特点；学习朗读技巧、提升演讲的表达能力等。学生掌握这类文章的写作方法，能够更好地应对各种事件、活动，形成良好的交际能力。

时代在发展，社会交往类文本也是与时俱进的，在把握它实用性的同时，要注意文本实用性具有时代效应。如演讲词这一文体在春秋战国，大多是用于政治外交的交锋，而现在的演讲词的主题宽泛，相对自由，有教育、艺术、商业等各种内容的演讲。例如：

以其无礼于晋，且贰于楚也。

若舍郑以为东道主，行李之往来，共其乏困，君亦无所害。

《烛之武退秦师》用于外交，属于春秋战国时代的演讲词。烛之武为使秦国退兵，巧用攻心术，站在秦伯的角度晓之以利害关系，达到"不战而屈人之师"的效果。又如：

人生能从自己职业中领略出趣味，生活才有价值。

敬字为古圣贤教人做人最简易、直捷的法门，可惜被后来有些人说得太精微，倒变了不适实用了。

《敬业与乐业》是梁启超面对即将步入社会和职场的学生所作的振奋昂扬的演讲，目的是鼓励学生大胆质疑，理解敬业乐业的精神内涵。

社会交往类文本与时代接轨，文本不仅具有每个时代的独特符号，而且在多元文化交流的社会，它的实际效用也更加多样。学习社会交往类文本，能够使学生直观感受社会的状貌，增加自身的知识容量，展现该类文本的社会和时代效用。

综上所述，互动性、针对性和实用性是社会交往类文本的重要特点，体现了社会交往类文本教学的独特价值。因此，教师要注重把握文本的特征，并以此为依据创设教学情境。

二、情境创设应遵循的原则

为达到预设的教学目标、形成高效的课堂，先决条件是教师制定了一个较为翔实的教学设计。社会交往类文本具有互动性、针对性和实用性的特征，结合文本特征，为了确保教学设计的效用和规范，教师在创设高中语文社会交往类文本教学情境时，还需要遵循以下原则。

（一）群体互动与个体参与兼顾

教学是教师和学生、学生之间多个主体的互动，创设教学情境，需要兼顾个体的参与和群体的互动。受西方建构主义思想的影响，情境教学强调学生在情境的互动中的自我建构；教师在教学中作为引导者来满足学生的学习需要。因而，教师的教学设计不仅要根据课标要求、课文内容侧重点来设置，更应该优先考虑学生的接受能力、兴趣点以及对课文的知识需求，确保学生的课堂参与度。

语文教学的课堂，通常会呈现学生个体与群体的活动，如学生个人回答问题、泛读、个人展示等，还有小组合作讨论以及全班同学都参与的一系列群体活动。当然，在社会交往类文本教学中也不例外。"演说辞实际承担着两项教学功能，一项是让学生担任演说者的角色来学习演说辞，另一项是让学生充当听众的角色来学习演说辞。"这一观点阐释了演讲词的教学意义，并且在这类文本活动中本身就存在个体与群体活动两种形式。当学生作为演讲者时，需要掌握演讲的语气、神态、肢体动作等演讲技巧，引起听众的共鸣。当学生作为听众，在接收演讲者信息的同时，要进一步关注语言表达的准确性、得体性，在台下听同学演讲时要学会评价。

【案例1】

余映潮老师在教学《在马克思墓前的讲话》这篇课文时，设计了四个实践活动：首先，以勾画组合的方式开展把握文意。其次，以朗读感受的方式进行文章诵读。再次，以说读品析的方式评析文句。最后，以短论写作的方式探究难点。

这四类实践活动有学生个体参与的也有小组合作的群体互动活动，确保大部分学生都参与到课堂活动中，很好地贯彻了这一原则（见表5-1）。

表5-1　教学互动行为分析（一）

教学环节	学生行为	教师行为	教学意图
教学铺垫	阅读简介、认识字词	出示资料、纠正字音	导入，重视学生个体的语文基础与常识积累
文意把握	圈点勾画组合	提示、展示总结	整体把握文本，培养学习习惯，保证个体参与
文章诵读	朗读、讨论	调控、指导	学习朗读技巧，提升个体能力，群体互动交流
文句品读	分析字词句，品味文中情感	组织活动、课中小结	通过品味语言把握文章情感。既有个体参与，又有群体互动交流
难点探究	短文写作	讲评	巩固知识，兼顾个体与群体实用能力提高

【案例2】

罗孝辉老师在分析《与妻书》"爱"的主旨时，保证学生能够独立思考，让课堂充满个性化的回答。同时开展探究活动比较分析多文本的家国情怀，促进学生对主旨的深入理解，教学过程体现了群体互动与个体参与兼顾的原则（见表5-2）。

表 5-2 教学互动行为分析（二）

教学环节		学生行为	教师行为	教学意图
导入		回答问题	设问、引导	导入新课、引出主题
预习反馈	整体感知	概括主旨、展示观点	提问引导	进入文本、铺垫情感
	分析比较	析字词句，体会情感	提问引导	关注个性表达，感受"爱"的多样
	比较整合	讨论、整合分析	组织讨论、答疑总结	群体互动，得出"爱"的共同点和家国情怀内涵
比较分析		独立填表、小组探究、展示成果	组织活动、引导回答	探究家国情怀产生原因
联系当下		思考问题、阅读材料、回答问题	提问、出示材料、引导思考、总结	联系生活，传承家国情怀，升华主旨
课后拓展		阅读、展示、交流	布置任务、归纳总结	巩固新知、提升学生个体与群体的阅读表达能力

个体的生存发展离不开群体。对教学来说，班级作为一个群体需要个人的积极参与和配合，同时群体进步也会让个人得到相应提高。反之，群体内个人的共同参与也会为群体的进步打下坚实基础。这时，班级的凝聚力和吸引力就会展现出来，影响每一位学生的学习并发挥积极作用。而这些作用的方式有两种：一是较为简单粗暴的直接灌输；二是和风细雨式的潜移默化。此外，班级这个群体还可以给个体提供心理归属感、集体共同感和班级荣誉感。如"不给班级带来不良影响""不拖慢班级前进的脚步"等说法都可以由此得到证实。个体除受到群体的影响外，还可能受到群体内其他个体的影响，同时自身也会影响着他人。这就像三角形的稳定性原理，只有每个要素都发挥出重要作用，才能维持和促进整体的稳定性。

（二）针对性与相似性结合

社会交往类文本在文体特征上具有针对性，教师创设的情境也要注重针对性特点。教学情境在基于核心素养、教学要求的前提下，以社会交往类文本为中心，并体现其特点。针对性原则还体现在，要针对教授课文时教学目标的侧重点来给出具体的情境。例如，《马克思墓前的讲话》的教学目标应着重把握悼词的文体特征，感受其中情感。所以，教师可以注重把握文章内容、营造课堂氛围等，引导学生厘清文本结构层次，深入体会复杂的感情。《我有一个梦想》的教学目标是重点解读文本的语言艺术特点、历史和现实意义。教师可以注重引导学生体会这篇演讲词在语言上的典型特色，以及对时代的理解，消除他们因历史背景和社会文化的差异而造成的隔阂。

创设的情境必须是真实的，具有相似性。教师不需要将课文中所述场景在现实中——对应来创设"真实"情境，应该根据学生的知识需求和实际教学条件来判断，提供相似场景来辅助教学。由于教材中的事件、人物、景物、事物等，不可能也没有必要全部搬到课堂上，只要"形真"即可。所谓形真，主要是要求形象富有真切感，即神韵相似，能达到"可意会，可想见"，具有相似性。如国画中的白描手法，齐白石的《虾》看似随意的描画，并无工笔画浓墨重彩，但虾的自然灵动跃然纸上。在京剧中，演员走了几步便是走了百千里，手里拿着一只木桨便代表正坐船行于水上。虽然只有简易的道具，但是观众于台下观赏，就如同真的一样。

【案例3】

谢富文老师在《谏逐客书》一课的教学设计中，重点引导学生关注文本特征，由个别到一般，掌握这一类文章的文体特征，体现针对性的原则。同时，设计下级对上级的同类型任务写作，让学生在"相似"情境中巩固论证手法的实践应用（见表5-3）。

表5-3　教学原则体现（一）

教学环节	教学方式	教学内容	教学意图
检查预习，厘清文章脉络	疏通文义，掌握字词　朗读、抽问、分组互译	正字音，句读、翻译全文	带领学生学习重点词句，理解文意，为下面梳理行文脉络打基础
	厘清文章脉络　小组讨论、代表发言	文章总分总结构、主旨概括	提升学生语言概括能力和运用素养，厘清文章脉络
由果剖因，揭秘形式妙秘	文本细读，逻辑建构　文本细读、建思维导图	从内容分析"总—分—总"结构	引领学生从言说方式上梳理课文结构
	形式探讨，方法概括　问答、分段教学	学习多种论证方法和艺术手法	本课重难点，引导学生以微观和宏观视角由内容到形式的方式理解文本，概括文本特征

续表

教学环节		教学方式	教学内容	教学意图
由特殊到一般，归纳"书"的类型	以评促感，巩固篇性	讨论、评价	众多文学家对课文的评价	总结文本特征
	以书为体，认识类性	小组讨论、代表发言	"书"实效性、针对性、论断性文体特征	引导学生把握"书"的文体特征，体会文章实用性与针对性
课堂小结与课后作业		写作、阅读探究	下级对上级的同类型写作、对比《与妻书》《邹忌讽齐王纳谏》，并填表	任务群实施最终将落实到言语表现上，结合单元主题，以疫情防控期间的时事作为材料，兼顾实用性与时代感

【案例4】

彭尚炯老师在设计《在马克思墓前的讲话》一课的教学时，侧重于通过品析语句探究文章脉络、朗读揣摩语言艺术。并巧妙运用音乐和朗读营造与文章"相似"的氛围，在朗读中揣摩课堂语言表达的生动性和准确性，带领学生深入体会文本的哀悼之情（见表5-4）。

表 5-4　教学原则体现（二）

教学环节		教学方式	教学内容	教学意图
引入文本		多媒体展示	马克思墓的照片及墓碑德语碑文、马恩二人的背景资料	还原演讲场景、了解马恩二人的友谊，为理解情感做铺垫
朗读训练		范读、播放音乐、朗读	朗读示范与指导	营造氛围体会文章感情色彩、学习朗读技巧
整体把握		问答	文章思路、哀思之情	整体把握文本，明确文章感情基调
重点探究	行文安排	研读、讨论	结构层次、段落逻辑关联	明确悼词文体特征
	语言艺术	研读、讨论	分析"拂""抹"等词句	通过品味语言把握文章针对性和鼓动性
延伸阅读		比较阅读	与《巴尔扎克葬词》比较在写法上的异同	巩固新知，提高阅读同类文章的能力

上述案例运用语言描绘、借助图画再现、播放音乐视频渲染、布置情境任务写作等教学方法，以"相似"的形式将课文的此情此景转化为教学情境。营造

一个与文本相似的场景，学生具有真实体验，才能更好地融入教学情境。引导学生能通过触景生情、借景抒情，感受和理解课文，与作者产生共鸣，达到学习和陶情的效果。如教师在教授《就任北京大学校长之演说》时，不需要带领学生前往学校的实地开展演讲活动，可以就地开展主题形式相似的"梦想"主题演讲活动，这一主题与学生成长息息相关，且活动地点都是在校园内。多开展这类与学生日常学习及未来工作有关的活动对他们的语言运用和实践能力提高有莫大助益。

（三）实用性与文学性统一

社会交往类文本最本质的特点是实用性，用于传递消息和解决生活中的实际问题。虽然社会交往类文本具有实用性的特点，但它是通过语言文字来传递思想、表达情感的。因此，在学习文本的特征、言说方式时，也要注重体会语言文字之美。教师创设情境要把握这一特点，遵循实用性与文学性统一的原则。

【案例5】

杨宝山老师在教授《在马克思墓前的讲话》一课时，在品析文章语言的教学环节，对原文做了一些细微的删改，通过对比品读，让学生体会恩格斯严谨的语言、深沉的情感和深刻的思想。在关注演讲词实用性的同时也不忘语文学习的文学性。

【案例原文】

师：我把文章的第一段做了一些改动，"当代伟大的思想家停止心跳了。让他一个人留在房间里两分钟，等我们再进去的时候，便发现他在安乐椅上逝世了"。大家比较课文，有哪些不同之处？思考这样改动表达效果有怎样的变化？

生1：去掉了"3月14日下午两点三刻"这个具体时间。这是马克思逝世的时刻，作者永远不会忘，凝聚着作者的无限伤痛，没有这特定的时刻就无法表达作者的强烈感伤。

生2：当代"最"伟大的思想家，删去"最"字，就削弱了马克思的影响。把"停止思想了"改为"停止心跳了"，不能照应前文的思想家，也不能表现马克思一生不断探索、不停思考的特质。

生3：删去"还不到"，就不能充分表达作者对马克思逝世的遗憾之情，"还不到两分钟"，流露出恩格斯的无限痛惜之情。

生4："逝世"不如"睡着了"。"睡着了"说得含蓄，表明作者不忍心说出马克思的逝世，也表明了马克思离去的安详和无憾。

师：同学们分析得很仔细，理解也很深刻。课文中类似之处很多，现在请大家默读全文，选择自己体会最深的语句与同学交流。

【教学意图】

语文学习重在语言学习。课例的主要目的在于培养、提升学生的语言能力，运用对比的方法，引导学生"咀嚼"语言文字，体会其中的魅力。学会巧妙地运用语言成为这节语文课教学的根本任务。通过删改对比来强化感受，体会恩格斯用词的准确，认识马克思的伟大。社会交往类文本实用性的特征显著，但教师在教学时也要注意到其文学性。

总的来说，品味情感也应该是社交类文本教学的任务之一。在课堂上，教师要先引导学生读懂课文，在此基础上再进一步感受语言文字所蕴含的情感。教师创设的教学情境也要具有文学性，为课堂增添"语文味"。

【案例6】

郑立新老师在教授《巴尔扎克葬词》一课时，多次请学生运用课文中的雅词来评价逝者，从多重视角解读作者对巴尔扎克的评价，把握了实用性与文学性相统一的情境创设原则。

【案例原文】

生：面对这位声名显赫的与世长辞的人物，我仿佛看到他的英灵庄严地走进另一个世界，是那么的泰然自若。睿智的人总是被羡慕的，人们震惊于他的光辉业绩。众目仰望的巴尔扎克的作品必将在文学界的顶尖熠熠发光，余光也反射到他们的灵魂上，人们也更清晰地看到自己内心深处的那点东西。这段话共用了12个雅词。

师：短短一小段话用了12个雅词，又恰到好处地表达了自己的看法。

【教学意图】

课例中，教师请学生利用雅词仿照课文中作者的表达，帮助其领会和掌握雅词，学习遣词造句来表情达意，在之后的学习中举一反三，体现了教学情境实用性与文学性统一的原则。

社会交往类文本与其他文本教学相比，更强调社会生活属性，但其最终目的还是提高学生的核心素养。因此，教师创设的教学情境要以语文学科的性质为核心，根据教学任务收集整理合适的情境资源与教学相结合，实现情境与知识的融合。在此过程中，贯彻实用性与文学性相统一的原则。

第二节　高中语文社会交往类文本教学情境的类型

教学情境分类的依据及角度不同，教学情境划分的结果也不相同。比较有代表性的教学情境的类型和创设方法，如表 5-5 所示。

表 5-5　教学情境的类型及创设方法

文献来源	教学情境的类型	教学情境的创设方法
李吉林（1990）	模拟情境、语言情境、想象情境、实物情境、推理情境	表演体会、模拟操作、语言描绘、音乐渲染、图画再现、生活展现、网络拓展、游戏比赛
韦志成（1999）	语言情境、想象情境、直观情境、问题情境、推理情境、作文教学情境	扮演角色、播放音乐、联系生活、运用实物、借助图画、锤炼语言
李秀伟（2007）	言语情境、艺术情境、道德情境、科学情境、价值情境	提供语言艺术，构建语言环境、融入趣味性、唤起想象力、回归生活，实践体验、调动思维，合作探究、引导自主表达、建立有价值课堂秩序
张玉民（2008）	提供资源型情境、仿真型情境、真实型情境；练习型情境、探究学习型情境、合作学习情境、问题型情境	提供学习资源、模拟现实，模拟表演、走出课堂；巩固拓展知识、围绕探究型学习任务展开、开展小组合作、设计问题
张鑫（2008）	语言情境、身体情境、多媒体情境、实物情境、问题情境	运用语言、表演、游戏、多媒体、故事、实物、尝试错误法、问题创设情境
张广斌（2010）	认知取向情境、动作技能取向情境、情感态度取向情境；真实情境、准真实情境和虚拟情境；体验性情境、动机性情境和问题性情境；体悟情境、交际情境；物质性情境、交际性情境和推理性情境、自然情境；无效情境、弱效情境、强效情境	提供背景、观看录像，讲解要领、体验情感，养成价值观；体验获得、激发兴趣、设计问题；直观形式展示、语言描述、借助形象推导；运用实物、借助模型、采用多媒体，个体想象；关注主观感受、对话活动、利用自然因素；用于描述情境创设教学效果的情境
余文森（2017）	背景知识情境、新旧知识和观念关系矛盾情境、图像情境、实物情境、语言情境、活动情境、问题情境	借助背景知识，利用新旧知识组织转化，利用板书、画图、多媒体等手段，借助姿势语言，操作、表演展示，运用实物、模型、实验、参观等，语言表达，设置问题

本书根据现有的情境的分类，结合社会交往类文本的特征和情境创设原则，提出时代情境、主题情境、氛围情境、角色情境四种社会交往类文本情境创设形

式。在教学中，教师可以利用各类资源和技术等创设情境，但切忌将情境"塞满"整个课堂，在实践中，教师可以针对教学内容和教学目标的具体要求，选用一种或几种与课文最相适应的情境。这样既实现了对教育资源的合理使用，又能更好地开展教学。

一、时代情境

（一）概念阐释

教师根据社会交往类文本写作时的历史和环境，运用教学手段提供相关资料，用来说明它产生或发展的主观条件和意义的情况，形成的教学情境称为时代情境。创设时代情境在理解文本内容、体会文本感情、深化主旨等方面具有重要意义，同时也是解读文本的一种方式。由于社会交往类文本的创作要求真实、忌虚构，因此，背景在内容解读中起到的指示作用更显关键。从情境类型对应教学环节的展开来看，对时代情境的创设可设置在导入环节，尤其是学生感到陌生的时代背景；也可以穿插在课堂之中，或是根据学生的反馈灵活地提出。

创设时代情境可以通过收集资源分析背景知识。关于背景知识，是指与教科书中课文内容有联系的知识。文章的背景知识可能不及新旧知识之间的关系紧密，可它同样是学生学习和理解课文的一个较为合适的认知停靠点。因此，教师在社会交往类文本教学中提供丰富的背景知识，创设时代情境是极其必要的。

（二）模式构建

教师在创设时代情境时可以按照以下步骤展开。

1. 模式流程

时代情境创设模式流程，如图 5-1 所示。

定位背景 → 提取信息 → 图表可视化 → 表达呈现

图 5-1　时代情境创设模式流程

（1）定位背景

需要依据课文的内容、时间距离和学生的熟知程度来定位背景，背景知识包括以下几方面：

首先，作者相关。文如其人，知人论世，对人（作者）的介绍有助于促进学生对文（作品）的理解。要熟悉作家的人生阅历和写作概况，即从作家的视角了解背景。

其次，时代背景。时代背景能帮助学生了解某些时代特有的特点，更好地把握文本的内涵，深入理解文章的主旨。

最后，历史典故。选择恰当且具有趣味性的文学典故、语文史趣闻、作家的逸事等在课堂教学中引入，能为沉闷的课堂注入活力，有益于促进学生的有意义学习。

例如，悼词时代情境的创设，需要向学生提供的学习资源包括但不限于以下几个方面：

首先，逝者的生平经历，为了叙述生平事件以及做出的贡献。

其次，逝者与作者的关系，用于理解作者抒发的情感。

再次，葬礼举行的地点，葬礼讲话的场合决定文本内容的详略。

最后，参加葬礼的人员，悼词面临的对象不同，文本的语言风格会有差别。

（2）检索信息

教师在传授知识的同时要引领学生利用学习资料，掌握学习方法。根据定位的背景知识，教师可以有针对性地检索学生需要的信息，寻找与文本相匹配的结合点；也可以给学生布置预习任务，整理收集课文的相关资料，一方面能提升他们信息检索的能力，另一方面在课堂上由学生表述，能使其形成更为深刻的印象。

（3）提供资源

教师要选择合适的方式在课堂上呈现资源，是语言描述，还是多媒体呈现，又或是学生展示。提供资源的时机并不是固定的，教师应根据实际情况将资源放置在需要的教学环节。不一定在课堂开始的环节将情境资料全部抛出，而是要根据教学策略来提供学习资源。

2. 模式特点

（1）灵活性

教师只能预设时代背景知识与学生的距离，所以，学生在课堂上的回应是临时反馈给教师的，考验教师的应变能力，教师需要灵活地处理课堂情况。

（2）重视学生的知识储备

在学习一篇课文时，学生会接触到与之相关的其他知识，有利于知识的积累，在无形中提升了语文功底。

（三）应用列举——揭开新知面纱

教师用书中关于社会交往类文本单元，教学指导指出可采用"引入背景资料及相关学科的知识辅助教学"的策略。教学时，当课文的背景时间距离现在比较遥远，又或是高中生较为陌生的事件时，教师需要适时地创设时代情境。"学习的根本目的在于拥有学习资源，利用学习资源"。在新授社会交往类文本时，为了把握文本的针对性，学生需要明确文章产生的背景、作者的写作目的等。教师可以采用提供背景资料、学生预习查找资料，以及学生掌握的其他学科的知识辅助阅读的方式，帮助学生顺利地进入文本。将课文放在当时的背景下去理解，能进一步拉近学生与文本之间的距离。

【案例 7】

杨邦俊老师在教学《记梁任公先生的一次演讲》一课时，充分挖掘课文的深层蕴意，将戊戌政变的背景资料、梁启超的生平事迹、演讲中提到的诗词译文等资料引入课堂，实现了与教材内容的自然衔接。这样能够使学生尽可能地了解梁启超的信息、人格精神和生平事迹，引导学生向他学习；使课内外的资源形成一个有机整体，拓展了课堂教学的容量（见表5-6）。

表 5-6　时代情境模式环节分析

模式环节	教学过程
定位背景	教师准备充足的学习资料于课堂呈现：梁启超生平和评价、历史文化背景、《闻官军收河南河北》等古诗词的注释译文
检索信息	1. 教师提前布置收集资料的学习任务，请学生自由发言展示。 2. 引入材料与文本自然衔接
提供资源	1. 运用多媒体展示、语言描绘等方式提供资料。 2. 教师少讲解，为学生提供素材，从多方面引导学生思考和感悟

在为学生创设的学习环境中提供充足的学习资源，是创设时代情境的核心。在教师引领下，学生在遇到问题时会主动寻找适合自己的学习方法。教师要让学生在提高学科能力的同时掌握学习的方法，学会利用资源整合，有助于他们形成终身学习的能力，这也是创设时代情境目的之所在。教师在开发网络课程资源应用于课堂教学时，要提醒学生：信息资源繁多混杂，需要树立正确观念，仔细辨别，还要提高自控能力，防止沉迷于网络。

二、主题情境

（一）概念阐释

为了把握课文的主要内容所创设的教学情境称为主题情境，这是社会交往类文本教学中教师需要创设的核心情境。体裁，指适合一定内容、对象和交际场合，对结构、语言和篇幅都有一定要求，比较稳定的文章样式。因此，文章的体裁在一定程度上决定了文章的写作内容，学生知晓文章的体裁能更快速地把握文章主要内容的构成，所以，创设主题情境时有必要提及文章的体裁，把握文章的针对性。对于实用类文本的阅读教学，教师要格外关注文体的特征，依文体而教，以新闻的方式教新闻，以科普文的方式教科普文。笔者认为，进行社会交往类文本教学时，教师在设计教学内容和活动方面，要以所学课文的体式特点为依据，以提高教学效果。

（二）模式构建

教师在创设主题情境时可以按照以下步骤展开。

1. 模式环节

主题情境创设模式流程，如图 5-2 所示。

图 5-2 主题情境创设模式流程

（1）确定文体

在社会交往类文本教学中，联系所学内容的文体来学是理解文章的重要方法。如会谈与讨论相比是严肃与正式的，谈判的重点是利益问题。了解文章特征有助于写作教学的开展，如书信的称呼、格式、日期等都有明确规定。如悼词从内容来说一般包括：

第一，文章开头，述其哀，介绍逝者去世时间、地点、原因、身份等。

第二，文章主体，赞其功，介绍并评价逝者的生平事迹、成就贡献。

第三，文章结尾，颂其德，表示悼念。

（2）提取信息

学生对文章结构和文本的内容有明确的认识后，运用方法提取信息，即抓关键句—抓关联词语—概括段意，选取关键信息概括出段落大意，并梳理段落间的联系，明确文章的主旨。在归纳梳理的过程中，教师可以提出相关问题检验学生的学习效果。

（3）图表可视化

提取信息的目的是制作思维导图、流程图、分析结构表等图表。运用可视化策略，能够清晰呈现文章的结构、行文思路等，如表5-7演讲词结构。此过程可采取学生自主归纳或是小组合作交流的方式开展。

表 5-7　演讲词结构

文章结构	展开方式
开头（提出问题）	直入主题、叙述事实、创设问题、引用警句
主体（分析问题）	并列式；递进式；并列递进结合式
结尾（解决问题）	归纳；升华；希望；号召

（4）表达呈现

通过小组讨论分析，在学生合作完成图表填写后，需要他们来展示学习成果。学生运用语言梳理的过程，是提高表达能力的过程，也是反馈主题情境教学效果的过程。

2. 模式特点

在主题情境教学中，教师为课堂组织者，充分引导学生参与教学活动。通过主题情境创设模式师生行为对比，可以进一步体会模式特点（见表5-8）。

表 5-8　主题情境创设模式师生行为对比

模式环节	学生行为	教师行为
确定文体	讨论总结文体特点	总结，补充完善
提取信息	对全文进行批注勾画圈点阅读	规定时间，布置阅读任务
图表可视化	小组讨论，分析形成观点	引导提示，走动查看情况
表达呈现	展示讨论结果	评价总结

（1）利用图表，把握主旨

主题情境模式的教学任务是获取文本的信息，运用图表可视化策略掌握文章的主要内容。

（2）培养学生迁移的能力

关于图表的制作，教师选取一个段进行示范后，便引导学生自主完成。

（3）关注学生的阅读体验

教师关注学生的阅读体验以及在各教学环节的体会，让学生通过品析和运用语言来感受社会交往类文本互动性、针对性、实用性的特征。

（三）应用列举——驱动任务教学

实用类文本阅读区别于文学作品鉴赏式的阅读，主要是为了获取文章的含义，阅读的重点是理解，类似于读报、读信、读学术著作。因此，获取文章的关键信息是阅读社会交往类文本最基本的要求，社会交往类文本都需要创设主题情境。同时，学生读懂了文本也为驱动下一环节的教学任务做好了准备，如开展话题研讨、厘清论证逻辑、学习语言技巧等。

【案例8】

李育森老师在《谏逐客书》一课的教学设计中，向学生提供了论证方法的分类，让学生根据论证方法的分类分析课文的论证方法，并完成表格的填写。有了教师的示范，学生能够迁移学习，运用于以后相似文本的学习。主题情境模拟环节分析（一）如表5-9所示。

表5-9　主题情境模式环节分析（一）

模式环节	教学过程
确定文体	教学从脉络梳理、论证方法、艺术特色，文体特征等方面展开
提取信息	教师指导学生分析文章的关键词句，总结文章结构：开宗明义—史实论证（第1段）—类比论证（第2段）—正反映衬（第3段）—归纳总结（第4段）
图表可视化	教师提供论证方法分类表格，请学生根据表格分类分析《谏逐客书》的论证方法，并完成表5-10的填写
表达呈现	小组合作，自主探究并展示

表5-10　论证方法分析

论证方法	例句	具体分析
举例论证	昔缪公求士，西取由余于戎，东得百里奚于宛……	文章从四位秦君任用客卿最终实现功业的例子，说明"逐客之过"

【案例9】

魏小娜老师在《就任北京大学校长之演说》一课的教学设计中，运用可视化策略示范分析文章的论证方法，辅助论辩类信息的理解和精加工：先用流程图的形式与学生共同分析课文第二段的论证过程，再采用小组合作的方式，请学生用可视化策略尝试对其他段落进行论证思路总结（见表5-11）。

表 5-11 主题情境模式环节分析（二）

模式环节	教学过程
确定文体	1.教师在导入环节点明演讲词的文体。 2.教学从演讲词主要观点、演讲特色（修辞手法、词语使用、句式）、论证方法、文体特征展开。
提取信息	1.整体感知课文，找出文章的主要观点，厘清思路。 2.自主品读课文后，小组探讨选出认为感染力最强、印象最深的语句，分析演讲特色
图表可视化	1.通过提问明确课文中的论证方法。 2.教师用流程图示范，与学生一起分析课文第二段论证过程(见图 5-3)
表达呈现	小组合作，运用图表可视化策略，对其他段落进行论证分析

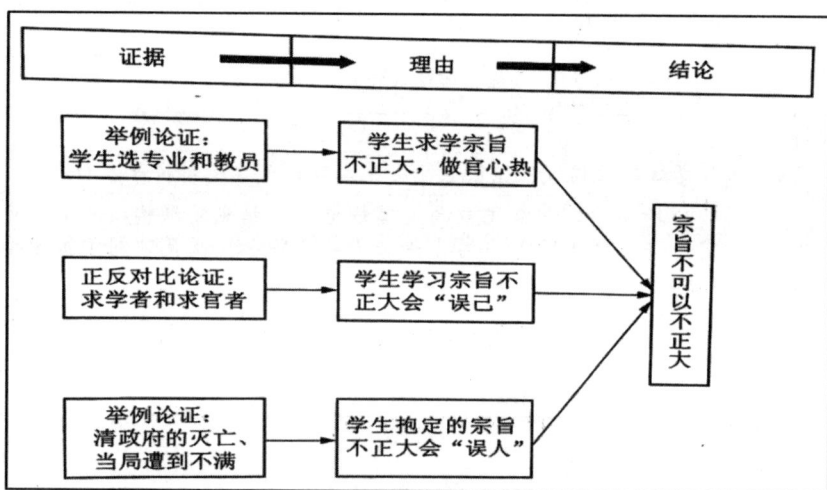

图 5-3 图表可视化环节流程

在社会交往类文本教学中，所有教学活动的开展都应该在读懂文章内容的基础上进行。因此，获取文本信息是该类文本教学最基础的学习目标，教师应该将主题情境作为创设的核心情境。

三、氛围情境

（一）概念阐释

社会交往类文本是带着明确写作目的形成的文字，有的意在鼓舞动员、劝说信服，有的具有思想性，有的则是为了直抒胸臆。为帮助学生体会课文的情感，教师运用语言、视频、音乐和朗读等教学方式营造气氛，以此创设的教学情境称为氛围情境。对音频教学资源的选用，除了要与课文内容相关之外，还要考虑营造的氛围和表达的感情是否一致或相似，以及选择与社会生活息息相关的素材。音乐和文字的交流，能够达到激发学生听觉、视觉多感官教学，提升教学的效果。

情境与"情"是密切相关的，"创设的情境，首先注意营造具有一定力度的氛围，使学生对客观情境获得具体的感受，从而激起相应的情绪"。学生不会轻易表达内心想法和情感，教师可以借助创设情境中的感情因素，唤起学生的学习热情。"情"之所在是通过情境启发指引学生，从而引起学生的求知欲。

教学的气氛是和谐或淡漠，活泼或呆板，都会影响到整个课堂的学习进程。两者形成的合力，才能让课堂教育的效果更加显著。营造良性的课堂氛围，能让学生保持积极的学习状态，唤起学生对语文阅读知识深度探索的欲望，从而增强教学效果，积极引导学生系统地探究课程知识。

（二）模式构建

教师创设氛围情境可以按照以下步骤展开。

1. 模式环节

氛围情境创设模式流程，如图 5-4 所示。

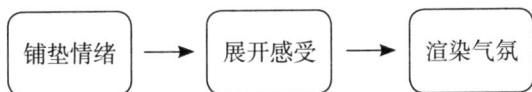

图 5-4　氛围情境创设模式流程

（1）铺垫情绪

在课堂开始时，学生注意力不集中，教师要从学生的兴趣点入手，并对这些兴趣点开发、强化加以突出处理。教师可以运用语言、利用新旧知识的联系、展示图片等方式引导学生进入情境，铺垫情绪，为学生进一步感受氛围奠定基础。

（2）展开感受

为了让学生进一步感受情感，教师可以将美术、音乐、书法等艺术形式引入教学。需要注意的是，以上引入最终是为了教学和学生选取的情境素材，素材要与课文的内容和情感实现一致，通过渲染特定情境来引发学生感悟，不能流于形式。例如，学习悼词时，气氛是沉重悲痛、庄严肃穆的，通常在课堂的开始教师可以辅助低沉的音乐来导入使学生初步进入情境，再利用语言描述的艺术来进一步感染学生，其中可以穿插多种形式的朗读来促进学生感受文章沉重的感情。

（3）渲染气氛

语文课程与现实生活密切相连，为了让学生感受真实，情感最终要落脚于生活中。教师要巧妙地将文本内容与生活情境贴近，使学生发现知识与生活的联系，更自觉、主动地投入学习。

2. 模式特点

重视情感教育是该模式的主要特点。氛围情境创设主要以情感为依托，使学生在语文学习过程中把情感和认知结合起来。这种情境创设模式能锻炼学生的思维能力和情感，让学生置身于各类学习氛围，引导他们自觉学习以及促进他们情感、态度、价值观等方面的发展。

（三）应用列举——体悟文中情感

社会交往类文本的内容与社会交际相关，与未进入社会的高中生有一定的距离。如果教师只是纯客观地分析，难以激起学生的情绪。教师应从渲染气氛入手，带动学生将自己的情感转移到教材的对象上，以情感为纽带连接学生与文本，使他们主动地投入教学过程。

【案例10】

例如，冯红霞老师在《在马克思墓前的讲话》一课的教学中注重运用泛读营造深沉的情感氛围，在课堂贯穿多次、多形式的朗读，让学生品味文章语言，充分感受语言文字的温度，整节课极具语文味。在多种形式朗读的渲染之下，学生能更好地体会文本中的真情实感（见表5-12）。

表5-12　氛围情境模式环节分析

模式环节	教学过程
铺垫情绪	1. 教师在导入环节简略介绍马克思的生平。 2. 展示马克思墓地的图片。 3. 明确文章结构，整体感知课文情感
展开感受	1. 出示马克思葬礼的图片。 2. 学生自由朗读，教师范读后再让学生朗读，揣摩文章的情感。 3. 请学生自读思考，梳理思路，概括马克思的伟大功绩
渲染气氛	1. 请学生朗读文段。教师作诵读指导，再请学生齐读。 2. 明确文章的主旨，思考文章赞颂马克思的品格之处，找出感受最深的句子。 3. 出示马克思的相关资料，感受伟人的品格，并与毛泽东对比

首先，在教学时，为引发学生情感，教师可以从教材入手寻找文中的情感素材并丰富其内涵，通过解读教材引起学生的情感共鸣。其次，在课堂之外，教师要关心学生的身心发展，维系良好的师生关系，在教学时投入真情，相互影响，以此唤起学生的真情。最后，教师应将教学与学生的学习生活融合，为理性的课堂学习带来生机，丰富学生的精神世界。

四、角色情境

（一）概念阐释

为在社会交往类文本教学中明确活动开展涉及的主要对象，通过分析文本的角色，采用学生扮演或是体会角色的学习活动的方式，以此搭建文本与学生之间的理解桥梁，就是创设角色情境。学生将自己当作课文中的角色，体会人物的所想所感，能在把握教材内容表象的基础之上很快地进行理解。

例如，教师在教授一篇演讲词时创设角色情境，让学生代入演讲者的角色，能够使其进一步理解作者的思想，感受演讲词的情感等；代入听众的角色，能够促进他们体会听众的需求，站在听众的角度感受演讲时言说方式的效用以及演讲词最吸引和打动听众的地方。

（二）模式构建

角色情境主要通过开展角色模拟活动的形式创设，可以按照以下环节进行。

1. 模式环节

角色情境模式创设流程，如图5-5所示。

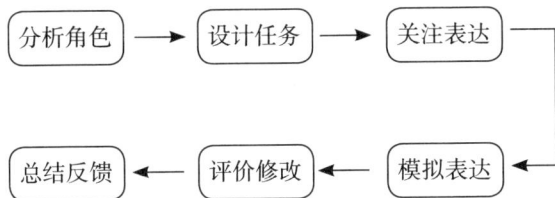

图5-5　角色情境创设模式流程

（1）分析角色

引导学生剖析角色，分析角色的人物形象、身份和关系，为学生理解人物的心理、模拟扮演角色打下基础。

（2）设计任务

社会交往类文本的写作是为了传递信息或解决生活实际问题，因此情境内容的确定，对明确写作意图和确定写作策略至关重要。所以，教师要根据教学内容和学生的生活确定并设计情境任务，为学生应对未来工作生活中的相似情境做好准备。

（3）关注表达

关注不同类型的课文作者是如何进行说理、言志、抒情的，弄清文章的语言特征、表现手法和表达技巧的差别。上述并不仅是一种技巧，它无法简化成章法和句法，要关注表达在特定目的和情境下的作用。

（4）模拟表达

教师根据学生的知识需求和教学进度情况，组织开展情境模拟表达的实践活动，以提高学生的语言和写作表达能力。有两种开展模拟表达的活动方式——角色模拟表达和角色模拟写作，教师可以根据文章类型和学生情况来选择。

第一，角色模拟表达。

以演讲词为例，教师要引导学生分析角色，确定演讲者和听众的身份和关系，然后在预先设计的教学任务基础之上根据学生自身情况来确定演讲内容或是布置演讲任务。接下来通过自荐或选拔的方式确定演讲者，并对其进行演讲技巧的指导，教师组织学生进行表演。完成演讲之后，作为听众的学生首先来评价演讲者的表达效果，进而教师组织学生交流和讨论，帮助学生修改与完善演讲表达。最后，教师进行总结，学生对教师的评价进行反馈。创设的角色模拟表达的流程如图 5-6 所示。

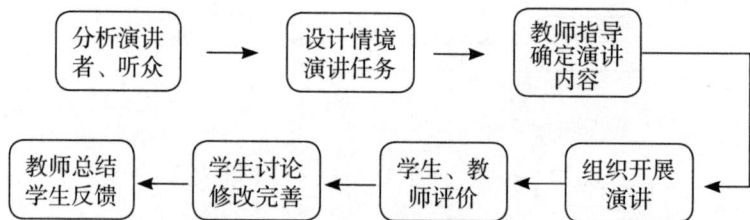

图 5-6 演讲词角色模拟表达流程

第二，角色模拟写作。

以书信为例，教师引领学生分析写信人与收信人的关系，总结出这一类书信在态度、语体风格、叙述策略等方面的特点。教师根据书信的内容设计相同类型的情境写作任务，并组织学生开展写作。教师需要评选出优秀的写作范例供学生相互学习，之后进行修改完善。创设的角色模拟写作流程如图 5-7 所示。

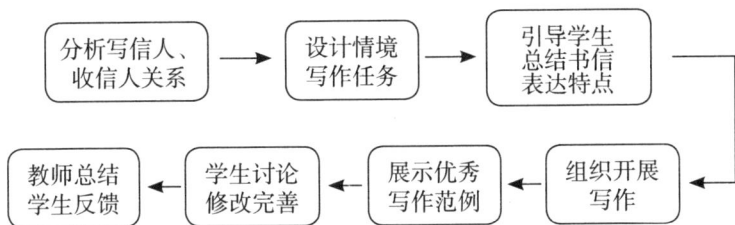

图 5-7　书信角色模拟写作流程

（5）评价修改

该环节有学生自评、互评和教师评价等多种评价方法，学生通过总结形成的评价以及参加活动的感想完善修改文字。学生自我反思有益于提高自主学习的能力，相互评价能够取长补短，对知识产生更深刻的理解。

（6）总结反馈

对角色情境而言，无论是模拟角色表达还是写作，其目的应该是帮助学生体会运用语言表达，而不是为了表演而表演。教师要对活动进行整体总结，可以给予学生适当的奖励，还可以让学生撰写心得记录在实践中获得的经验，反馈活动效果。

2. 模式特点

第一，体验角色，训练表达。角色情境是为了完成表达与写作的教学任务，根据不同的场景调整文本的言说方式、论证手段等。教师要尽量设计出与学生实际相结合的情境，使他们在角色情境中提高表达与写作能力。

第二，实践性强，角色情境的创设从分析角色到最后的总结反馈环节，除去设计任务这一环节都是以学生为主，发挥学生的能动性，教师主要起组织与引导的作用。这一模式完成了从教材到生活资料的转换，有利于提高学生的运用能力。

（三）应用列举——搭建理解桥梁

创设角色情境，首先要对社会交往类文本信息传播者和接收者的对象进行分析，形成文本的角色。进而根据课文的特点选择恰当的方式开展角色模拟活动，最后对角色进行评价。模拟角色情境的心理过程可以归纳为：熟悉情境—解析角色—担任角色—体会角色—展示角色—产生领悟。学生扮演模拟角色时，他们会成为课堂的"主角"，占据课堂的主体地位。

【案例 11】

相屏屏老师在教学《不自由，毋宁死》时，先通过展示议会现场图片和言语描述导入，向学生说明了演讲发生的背景和地点，创设了时代情境。然后请学生自由选择段落尝试演讲，通过指导再进行演讲脱稿演讲。最后教师创设了角色情境：这篇演讲词属于即兴演讲，假设学生就是在议会大厅的亨利，如何发言让保守派信服呢？以此来写提纲，做即兴演讲（见表 5-13）。

表 5-13　角色情境模式环节分析

模式环节	教学过程
分析角色	教师在导入环节展示演讲地点图片、点明演讲者、介绍演讲背景
设计任务	提问：如果你是亨利的朋友，在演讲之前你会给他哪些提醒呢？
关注表达	通过提问使学生掌握演讲准备、演讲语言、语速、重音吐字、演讲氛围、肢体语言等方面的知识
模拟表达	1. 选择课文片段，带稿尝试演讲。 2. 帮助学生修改演讲稿，组织开展脱稿演讲活动。 3. 请学生上台脱稿演讲
评价修改	1. 每次演讲完成学生点评、教师总结。 2. 点评后，教师视情况示范演讲，帮助完善提高演讲能力
总结反馈	1. 即兴演讲，学生反馈。 2. 观看视频，教师归纳演讲技巧。 3. 教师总结活动意义

教师让学生扮演亨利的角色，再现了当时的弗吉尼亚州议会厅里万分紧张的形势。让学生站在他的立场上做即兴演讲，真实地还原了文中的情境，能够充分调动学生的思维，锻炼他们的即兴表达能力。

角色情境可以让学生扮演不同的角色，在行动中达到解决问题的目的。其创设将读、思、演、评融于一体，学生参与学习的全过程，可以提高其学习积极性、主动性和创造力，加深对文本的认识。例如，在角色模拟表达活动中，不单只有角色扮演者一个人体验角色，他的表演和情绪会带动其他学生和教师一起进入角色，从而活跃整个课堂的气氛。这个环节是一个从创新到创新的过程。

第三节　统编版高中语文社会交往类文本教学情境创设案例

社会交往类文本教学时代情境、主题情境、氛围情境和角色情境教学模式的构建，明确了这四类教学情境在教学中运用的具体步骤。《在〈人民报〉创刊纪念会上的演说》《在马克思墓前的讲话》《谏逐客书》《与妻书》四篇课文，是统编版高中语文教材高一必修下册第五单元的社会交往类文本。本节对这四篇文章在教材方面和学生学情两方面进行内容分析，并结合课文的文体特征，选取合适的情境类型做出教学设计。

一、《在〈人民报〉创刊纪念会上的演说》情境创设

（一）内容分析

1.教材方面

本课是统编版高中语文教材高一必修下册第五单元的精读课文，属于演讲词。本单元的主题为"抱负与使命"，文章或剖析社会矛盾，宣示历史使命；或概括伟人的功绩，表达敬仰；或写书信，劝谏逐客；或写绝笔，抒发心志，展现了古今中外的革命导师与仁人志士顺应时代潮流、勇于承担时代使命的革命。学习本单元，学生能领会前人的胸襟抱负，逐渐具有关注社会现实的意识，有承担使命的勇气和信心。本单元属于"实用性阅读与交流"任务群，这一单元的文章有演讲词、悼词、奏疏和书信，都是运用于社会交往的实用类文本。通过学习这些文章，学生能体会到不同实用类文本作者在言说方式、叙述策略、语言特点等方面的差异（四篇课文位于同一单元，以下三篇课文不再重复论述单元分析）。

政治演说词，指政治人物等人士发表政治主张见解的演说。有领导人就职演说、施政演说、政客竞选演说等。范例有《林肯在葛底斯堡的演讲》《我有一个梦想》等。首先，这类演说词主题政治性鲜明，涉及国家、民族、改革、和平与进步等重大政治议题。演讲者会在文中表明政治倾向和主张，力求把握正确的历史发展方向。其次，演讲内容具有鼓动性，服务于某种政治目的。演说主要是为宣传演讲者的施政纲领来获得听众认可。所以，演讲词必须有说服力、感染力、鼓动性。这样的演讲在说明问题时，会显示出逻辑上的无懈可击，具有较强的逻辑性。也只有这样，听众才会心悦诚服，演讲者才能赢得他们的理解与支持。

2. 学生学情方面

（1）知识能力

高一年级的学生在初中学习过演讲词，从演讲目的、场合、对象可以把握其针对性，能够掌握课文的主要内容。

（2）阻碍分析

学生对于演讲词的文体还不了解，加之文本内容比较枯燥，学习起来不是很有兴趣。根据单元写作任务和学生演讲写作能力的不足，教师要引导学生掌握演讲词的基本特征，并提供演讲机会，提升学生在公众场合表达意见的能力。因此，本课需要创设时代情境、主题情境和角色情境。教师可以根据学生的学习需求来做出调整。

（二）教学设计

【案例1】

1. 创设时代情境，导入新课

（1）展示时代背景

现在是工业革命以来欧洲资产阶级革命兴起的时期，无产阶级作为一支重要的革命力量走上历史舞台。1852年5月，宪章运动的领袖之一，厄内斯特·琼斯（Emest Jones）在伦敦创办《人民报》，作为朋友的马克思和恩格斯曾为报社提供帮助。1856年4月14日，马克思作为伦敦的外国流亡革命人士代表，出席了《人民报》创刊四周年举行的宴会。

（2）谈话交流

假设你正身处这个时代，作为志同道合的革命友人同样参与了这次演讲，下面我们一起来聆听马克思的发言。

2. 创设主题情境，感知文本

（1）布置任务

请大家快速阅读全文，并归纳段落大意，独立完成你的思维导图，等会儿我们来交流展示。（提示学生运用方法来获取信息解读课文：抓关键句—抓关联词语—概括段意）

（2）明确主旨

这篇文章的体裁是演讲词，是马克思发表的即席演说。文章内容是用历史唯物主义观点阐明在资本主义社会中存在的深层次矛盾，向世界宣告无产阶级的历史使命是终结资本主义，资产阶级的灭亡是不可避免的。

（3）学习表达

为把握演讲词切于实用、富有针对性的特点，在了解主要的演讲内容之后，教师可以引导学生学习马克思分析现象、阐发主张的方法，以此来观察社会生活。让学生尝试得出自己的结论，并学习马克思的表达方式加以提炼观点。

《在〈人民报〉创刊纪念会上的演说》思维导图如图 5-8 所示。

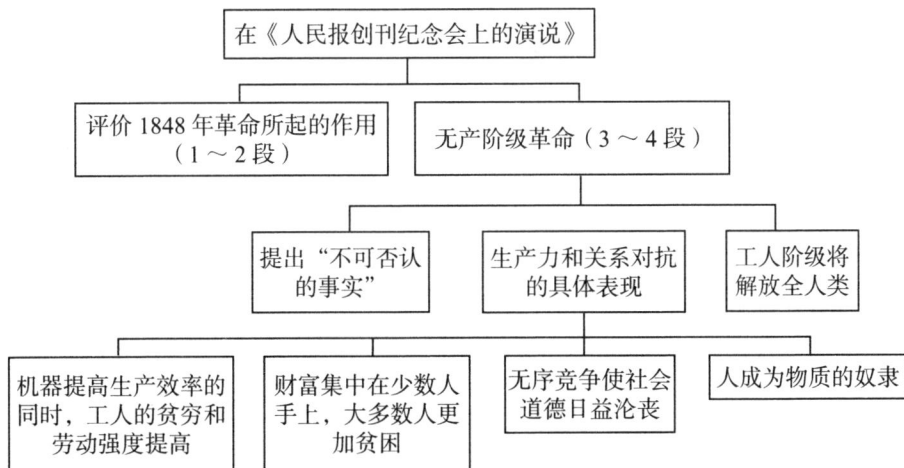

图 5-8　《在〈人民报〉创刊纪念会上的演说》思维导图

【教学意图】

针对文章结构严谨巧妙、语言凝练的特点，请学生运用学习方法概括每段主旨，并制作思维导图，进而厘清课文内在逻辑，明确作者的观点，从而帮助他们掌握本文的主要内容。

3. 创设角色情境，体会表达

（1）角色分析

《在〈人民报〉创刊纪念会上的演说》的演讲者为马克思，听众为英国和其他国家无产阶级运动的领导者和参与者。1848 年革命已经过去了 8 年，无产阶级革命处于低潮期，当年的革命战友中，也出现了对无产阶级解放运动持怀疑论者。

（2）角色模拟活动

环节一：播放视频

播放《觉醒年代》中李大钊演讲的视频片段，请学生关注视频中演讲者的语调、重音、节奏等。重点学习如何运用肢体语言、调控情绪以及面对紧急状况的技巧等。

环节二：示范朗读

教师请学生找出关键词句，进行朗读练习并体会语言表达。

环节三：品味语言

作为演讲者，学生要能感受文本具有感召力的语言特色，知道如何运用演讲词中的语言引导听众的思维和情感，例如：

①一片汪洋大海。

②把由坚硬岩石构成的大陆撞得粉碎。

③欧洲社会干硬外壳上的一些细小的裂口和缝隙。

④我们的勇敢的朋友好人儿罗宾，这个会迅速刨土的老田鼠、光荣的工兵。

以上开篇巧设几个比喻将无产阶级解放运动的宏大气势、重大意义艺术性地展示在听众面前，通过极具反差的词语形成感官上的冲击，震撼人心。第四句，马克思引用了莎士比亚戏剧中的典故进行分析，喻指造福于大众的革命，适应欧洲社会的文化语境，幽默风趣，让他缩短了与在场的英国听众的距离。

环节四：合作交流

以小组为单位，任选两三段演讲词，结合课文探讨怎样的演讲才能更好地体现演讲风格和演讲者的风采。以推选或是自荐的方式选出演讲的学生。

环节五：模拟演讲

请作为听众的学生，代入听众的角色，在台下感受演讲的效果。并通过对演讲进行点评，帮助演讲的同学修改演讲稿并反复实践，提高他们演讲的能力。

（3）角色评价

只对社会交往类文本进行阅读学习是不够的，在阅读文本、明确文体特征后，还要开展语言表达的训练，提升学生的口语交际能力。在案例中，教师引导学生扮演演讲者或听众，亲身体验，感受马克思演讲的内涵，体会演讲目的和内容的关系。理解演讲内容与演讲对象、场合、目的的关系，从而领会经典演说的魅力。

4.作业布置

学校计划在五四青年节开展"弘扬五四精神，争做新时代青年"的主题演讲活动。请围绕主题，自拟标题，写一篇不少于800字的演讲词。

二、《在马克思墓前的讲话》情境创设

（一）内容分析

1. 教材方面

本课是统编版高中语文教材高一必修下册第五单元的精读课文。通过单元导读铺垫和学习《在〈人民报〉创刊纪念会上的演说》，学生已经掌握演讲词的特点。本课内容主要把握马克思对世界做出的贡献，关于马克思两大发现意义的阐释是不易理解的部分。文中哲学和经济理论可参考资料来解释；对于发现剩余价值规律的意义，简单说明即可。

悼词类演讲词是对死者表示悼念的话或文章，属于演讲词的一类。悼词出现在某位逝者的葬仪上，听众是参加葬礼的人，包括亲友及其他人员。致悼词的人在这个庄重的场合，向听众述说死者的生平、成就，及其历史地位和价值，表达哀思。如《巴尔扎克葬词》《在马克思墓前的讲话》等都属于该类文本。悼词以评价议论为主，通常会阐述逝者的生平和主要贡献。由于是演讲词，面向对逝者饱含感情的听众更要以情动人，做到融论、叙、情于一体。阅读悼词能加深我们对逝者的认识，了解生命的价值，为人生提供方向指引。

2. 学生学情方面

（1）知识能力

高一的学生有基本的政治知识，对马克思和恩格斯两位学者并不陌生，结合课文背景知识和文体知识的学习能够概括出马克思的伟大事迹，感受他宽阔的心胸和非凡气度。

（2）阻碍分析

对于悼词类演讲词这一特殊文体，学生接触较少，可能对悼词表达的情感感受不深。在教学时，可以在体味文字的艺术韵味、体悟文字中的真诚情感时多些引导。

基于此，本课创设的是主题情境和角色情境，时代情境可以根据课文来决定是否创设，如果是距离学生较远的时代背景或是学生比较陌生的事件，则可以选择创设时代情境。

（二）教学设计

【案例2】

1. 创设时代情境，导入新课

谈话交流：故事还要从 1844 年的法国说起，马克思和恩格斯在巴黎相识，二人为无产阶级解放事业奋战近 40 年。恩格斯作为最了解马克思的人，马克思的逝世，没有人比他更悲痛；马克思逝世造成的巨大损失，没有人比他更清楚。1883 年 3 月 14 日，马克思在伦敦寓所的安乐椅上与世长辞。三天后，作为挚友的恩格斯在葬礼上发表了讲话。如果你是恩格斯，你会为你最亲密的好友写一篇什么样的悼词？

2. 创设主题情境，感知文本

（1）提出问题

请大家思考，一篇悼词应该包含哪些内容？

（2）明确结构

开头——介绍逝者去世时间、地点、原因等；主体——介绍并评价逝者的生平、成就和贡献；结尾——表示悼念。

（3）谈话交流

请大家自由朗读课文，根据上面总结的悼词的文体特征来制作思维悼词，分析文章结构。

（4）展现思维导图

通过悼词的一般特点来分析《在马克思墓前的讲话》《巴尔扎克葬词》两篇文章的结构。

《在马克思墓前的讲话》结构如图 5-9 所示。

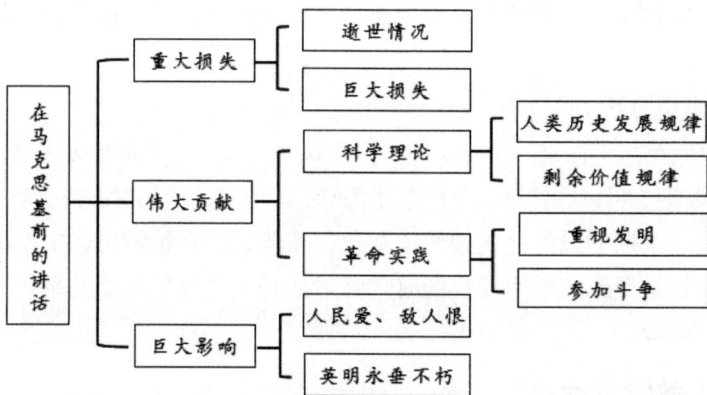

图 5-9　《在马克思墓前的讲话》结构

【教学意图】

根据文本的结构层次绘制结构图，学生能够清晰地掌握文本的主要内容。学生接触悼词的机会相对较少，因此，在创设本课主题情境时，教师可以采用小组合作的方式，让学生将课文与《巴尔扎克葬词》进行对比阅读，使学生在学完本课之后，能够对悼词有更全面的了解。首先要让学生明确"悼词"这个特殊的体裁，通过课前预习和小组讨论的方式总结出悼词的一般特点。

（5）谈话交流

有没有同学可以根据制作的思维导图来总括文章内容呢？

（6）明确主旨

这是一篇悼词类演讲词，文本具有强烈的情感。文章主要表达了对挚友逝世的悲痛和哀悼，准确而全面地总结了马克思的思想成就和革命贡献。这篇文章所体现的两位革命导师的深厚情谊，远超个人情感的范畴，更多的是思想上的志同道合。

（7）对比阅读

在明确两篇文章内容的基础之上，可以比较两篇悼词在内容、结构、语言风格和情感上的异同。

3.创设角色情境，体会表达

环节一：布置写作任务

假设学校开展五四青年节的纪念活动，向同学、家长、老师展示新时代青年的理想抱负，彰显学生的精神风貌，你作为学生代表，以"我们的理想与使命"为主题，写一篇演讲稿，谈谈你未来的理想或职业、今后人生的方向以及自己做出的努力。

环节二：优化演讲词

进入优化演讲词的环节，让学生围绕演讲的突出特点，对文本进行自我评价。

【教学意图】

这个环节是主动发现问题、修正问题，巩固提升的过程。教师筛选优秀写作的示范，学生讨论并结合演讲词的特点做出修改，强化逻辑表达。

环节三：制定评价标准

根据前期开展的阅读活动、实践活动所得，让学生自制演讲的评分准则。

【教学意图】

这是梳理探究的过程，学生能够在梳理演讲词知识体系的过程中发现问题并通过探究解决问题，提高他们自主学习的能力，使活动更加丰富和深入。

环节四：模拟演讲

在班级内开展模拟演讲活动，请教师、学生和家长等担任听众。

【教学意图】

开展模拟演讲活动，了解演讲者的真实意图，体会演讲词的现场感。

环节五：总结评价

在演讲结束后师生互评，根据评分选出前三名，请获奖的演讲学生发表活动感受。

4. 作业布置

请回顾演讲活动开展的过程，在写作演讲词、第一次演讲、演讲比赛等环节中，选择印象最深的时刻来谈感受。题目自拟。

三、《谏逐客书》情境创设

（一）内容分析

1. 教材方面

本课是统编版高中语文教材高一必修下册第五单元的一篇精读课文，是李斯写给秦王以谏阻其逐客的文章。李斯站在秦国的政治立场，准确抓住秦王的心理，通过引古论今、正反映衬等多种论证手法和大量的铺陈排比，极尽劝谏之能，最终成功劝说秦王废除逐客令。这篇文章不论是在多种论证方法上，还是在气势雄浑的语言风格上，或是在重视人才的思想上都值得学生借鉴学习。此外，李斯置身于时代洪流，仍能抓住时代脉搏，做出正确选择，对当今学生如何应对时代发展有一定启发意义。

本文属于劝说性书信，是向组织或个人提出劝说建议的信件。一般先提出建议，再用论证方法说服对方接受建议。代表的文章有《答司马谏议书》《邹忌讽齐王纳谏》等。劝说性书信的语气和用词具有得体性，一般使用协商性、试探性的语气提出建议，站在对方的角度考虑问题，避免生硬说教的口吻。该类书信用于传达个人的观点，首先要明确写信是为了提供建议，接着简短地说明问题，详细地对建议进行分析，并真心期望被采纳。给出的建议要符合逻辑，组织和结构合理。

2.学生学情方面

（1）知识基础

高一的学生在之前的文言文学习中积累了一定的文言文知识，对于常见的古今异义词、虚词、实词基本能把握。在高一上学期，学生已经学习过《师说》《劝学》《拿来主义》，有阅读议论性文章的学习能力，掌握了部分论证方法，为学习本课奠定了基础。

（2）能力基础

根据以往的学习经验，高一学生具备结合课下注释或是利用工具书疏通文义的能力，但对文章中的长句理解能力还不足。此外，这篇文章的说理性较强，逻辑严密，考验学生的逻辑思维能力。

（3）阻碍分析

文章运用多种论证方法，劝谏艺术高超，学界目前在本课文体划分上存在争议，因此，学生学习文体特点和分析文章艺术特色时，有疑惑之处。本课可以选择创设时代情境、主题情境和角色情境。

（二）教学设计

【案例3】

文章的时代背景是战国时期，教师可以与学生学过的历史知识相联系，给出本文的写作背景。

1.创设时代情境，导入新课

（1）谈话交流

这是在秦国统一过程中发生的一个突发事件。秦王政元年（公元前246年），韩国派遣水工郑国前往秦主持修建灌溉渠，渠长达三百多里。修渠对秦国经济有好处，但却要耗费大量国力，韩国想用这一招来削弱秦国，维护本国的安全。计谋败露后，此事被秦国皇室利用，他们挑唆秦王说客卿在秦都居心叵测，应该将他们全部驱逐出去。秦王政十年（公元前237年），秦王采纳了大臣们的提议，下令将所有客卿赶走。李斯原为楚国上蔡（今属河南）人，后到秦国游说，得到秦王的赏识，被任用为客卿，也在被驱逐的行列。他为了劝谏秦王不要逐客，写下了《谏逐客书》。我们一起走进文本，看看他是如何说服秦王的。

（2）提出问题

大家知道这篇文章的体裁是什么吗？

（3）明确文体

文章的体裁是奏疏，属于书信。这一类公文，常对特定具体的政治事件阐发观点，力求实际，故要仔细斟酌，用词精练，选取恰当的落脚点和切入点。

2. 创设主题情境，感知文本

（1）布置任务

请同学们反复诵读文章，用表格形式展示课文的行文思路（见表5-14）。

表5-14 《谏逐客书》行文思路

段落层次	行文思路	内容
第1段	开门见山，提出观点 用史实论证客卿于秦有功	缪公求士——称霸西戎 孝公用商鞅——国强名盛 惠王用张仪——以横破纵 昭王得范雎——集权强化
第2段	类比论证：人与物做比较 事实论证：重物轻人	取物原则：快意当前，适观而已 用人原则：非秦者去，为客者驱
第3段	理论概括：阐明纳客与逐客利害	正面：天道与圣王的做法 反面：秦国目前的做法
第4段	分析结果：逐客必有恶果	求国无危，不可得也

【教学意图】

用表格的形式呈现文章的论述思路，条理清晰，概括精练，很好地还原了文章的论证结构，有利于学生读懂文章。

（2）提出问题

通过建构的思维导图，现在有没有同学来谈谈这篇文章核心观点是什么呢？

（3）明确核心论点

"臣闻吏议逐客，窃以为过矣。"劝谏秦王不要驱逐客卿。文中历史上的四国君主，都因任用客卿而成就帝业，既说明客卿的功绩，又列举了大量事实，说明不应重物轻人，然后从理论上论说了纳客和驱客的利害，最后提出逐客必致秦之危，与开头中心论点相呼应。

3. 创设角色情境，体会表达

（1）角色分析

《谏逐客书》的作者是作为臣子和客卿的李斯，写作对象是君王，秦王嬴政。这是一封"谏书"，是一篇奏疏。上书在战国时是臣属给君主言事的上行文，现在看来是下级向领导写作的公文。因此，在写作这一类书信时要注意语言的得体性，把握"礼"和"度"。《谏逐客书》中李斯的用词庄重、精练，如"臣闻吏议逐客，窃以为过矣"，文章开篇就亮明了自己的观点。"臣闻"一词避实就虚，把"逐客"之"实"化为听说之"虚"，用谦恭的方式试探。

《与妻书》作者是作为丈夫的林觉民，写作对象是其妻子陈意映，两者之间是平行的亲友关系。这是一封"家书"，是为诉情，文章的语言直抒胸臆。如整篇文章都是用"吾""汝"来称呼妻子，仿佛跨越了时空的界限，当面进行交流，从"汝体吾此心""汝其勿悲"可以看出作者十分关心妻子感受，安慰妻子不要伤心。"为汝谋者惟恐未尽"说明作者很注重站在对方的角度并视其为奢求，读来感同身受。

【教学意图】

在学完《谏逐客书》《与妻书》后以"书"为抓手，整合两篇文章的相关信息，帮助学生了解不同类型的书信体文章的写作技法。

（2）角色模拟

环节一：对比阅读

在学生对《谏逐客书》《与妻书》有了整体认知之后开展群文阅读。

环节二：归纳特征

请学生分别归纳出两篇文章在态度、语气、表达方式、语言特点等方面的特征。（明确特征：《谏逐客书》理足词胜，雄辩滔滔。以说理为主，推理缜密，辞采华美。《与妻书》亲切自如，恩爱缠绵。将情、理、事相结合，感情真切，意义深刻）

环节三：合作交流

探究两篇文章同样是书信，有如此差别的原因。（明确原因：两篇文章的写作对象不同，目的各异。一者是谏论政务的奏疏，一者是为抒写心声的书信）

环节四：开展角色情境写作

感受角色，思考在不同场合下，面对不同的对象，兼顾自己的身份和立场，应该如何写作书信。例如：

写作任务情境一：校园生活无限丰富，有乐音也有噪声。请对在学校中发现的不好现象，给校长写封信，表达你的思考与想法。

写作任务情境二：《与妻书》这封革命家书，文字优美，感情悲抑纠结，陈意映读后几近赴死；千万革命者读后义无反顾，慷慨就义；新时代的中学生读后乘风破浪，直挂云帆……生活中有无数个"你"读过这封家书，"你"是谁？"你"有什么话想对林觉民说？请以书信的形式表达"你"的内心想法。

（3）角色评价

写作任务情境一与李斯的《谏逐客书》类似，可参考奏疏的特点进行谋篇布局。写作时不能随意表达，以情御文，应根据事实讲道理，分析问题并提出合理建议。语用上应礼貌得体，可借鉴李斯的表达方式，剥离自身，从学生健康发展的视角逐层剖析。

写作任务情境二考虑到高中生的年龄特点，借助语言描绘引发学生的表达意愿。学生进入模拟写作情境，将心中所想与眼前现实联想有机结合，这比教师直接地讲道理、提要求强得多。

（4）教师总结

普通的家书或朋友书信多是为了表达感情、汇报工作或学习情况，所以叙事多，说理和抒情少；给师长写信，多半是为了感谢他们的培养和提携，在叙述的时候，要加强他们的影响力，借事抒情；给权力机构或报社写信，为了反映问题，或者申诉立场，应以议论分析为主。书信的写作意图不同，则表达方式各异。

四、《与妻书》情境创设

（一）内容分析

1. 教材方面

《与妻书》是统编版高中语文教材高一必修下册第五单元的自读课文。本文属于抒情性书信，通俗地说，用来表达真实情感的书信称为抒情性书信，如情书、问候信、感谢信、喜报等。属于抒情性书信的文章有《与陈伯之书》《报任安书》等，真情实感是解读抒情性书信的重点。书信与其他社会交往类文本文相比的独特之处是读者特定性和私密性，读者通常是极少数人，甚至是某个人，除非公开发表的书信。因此，读者会受到作者与收信人特殊的经历、关系、利害等因素的影响，在情感表达和共鸣程度上，和普通读者有很大不同。从词语运用来说，大量运用助词和叹词；从句式来说，短句多，形容性修饰语多而限制性修饰语少；从语言风格来说，表现为热情、绮丽，语言常常着力铺叙，常用委婉语气，以及比喻、借代、反语、双关、反复等修辞方法；从表达方式来说，常用想象、联想的句式。

2.学生学情方面

（1）知识能力

教学对象为高一学生，本文语言浅近晓畅，学生结合课下注解可以基本把握对文章内容的理解。关于书信体格式的学习，学生在初中有过了解，教师可以强调写作规范。

（2）阻碍分析

对于革命先辈牺牲自我，"为天下人谋永福"的高尚思想与情操，学生可能难以把握，要重点引导。

对于抒情性书信，学生需要把握的有书信写作的内容、表达的情感，以及书信的写作。因此，本课可以创设时代情境、主题情境和氛围情境。

（二）教学设计

【案例4】

1.创设时代情境，导入新课

（1）布置任务

教师布置预习任务让学生收集、整理与林觉民有关的资料。请学生在课上展示他们的预习成果。

（2）展示背景资料

林觉民生平；广州起义相关资料、孙中山的评价、黄花岗七十二烈士公墓照片和解说词等；《与妻书》原稿去向；林觉民旧宅的线路图和主要文化古迹介绍；《辛亥革命》和许多鉴赏的影片；《与妻书》文评；林觉民后代的状况等。（教师根据学生的收集情况做适当补充）

（3）谈话交流

同学们，当你风华正茂的时候，却遭遇了社会的动荡；当你学成归国时，却发现民不聊生；当你伉俪情深时却又面临舍生取义时，你会怎么做？面对历史带来的人生难题，你又会如何回答？100多年前的一个夜晚，革命志士林觉民在一块白布方巾上写下了答案。今天，让我们跟随这封"20世纪中国最美情书"走进那个血雨腥风的年代，感受革命者的高尚品格和赤诚的爱国精神！

2.创设主题情境，感知文本

（1）提出问题

为什么说《与妻书》"既是一封遗书，也是一封情书"，还是20世纪中国最伟大的情书、天下第一情书？

（2）展示思维导图

请学生从原文中分别找出《与妻书》作为遗书和情书的原因，并梳理出课文的主要内容。《与妻书》结构如表 5-15 所示。

表 5-15　《与妻书》结构

结构	内容	
遗书	吾今以此书与汝永别矣	
	一嘱三愿	一嘱：嘱咐后事
		一愿：九泉之下"哭相和"
		二愿：真有鬼
		三愿：心电感应有道
情书	吾至爱汝，即此爱汝一念，使吾勇于就死也	
	三忆	议夫妻先死后死的争议
		忆两人双栖之所
		忆远行欲告又止的情景

（3）明确主旨

文章以抒情为主，以情见长，兼及记叙和议论。林觉民一面表达对妻子的至爱，或倾诉衷肠，或缅怀往事，一面又突破儿女私情，以国事为己任，时作解释和安慰。文中表达的深情与勇决，像两首交织的旋律，让文章既缠绵悱恻，又充满浩然正气。

【教学意图】

对文章主要内容进行整理，以掌握感情主线，理解作者创作过程中的复杂心理和崇高思想境界这一教学目标。

（4）提出问题

老师想问问同学们，文章大半篇幅写夫妻情感，是否削弱了林觉民的英雄形象？

（5）升华主旨

这是一封绝笔信，作者委婉曲折地向妻子表达了深情，对陷入困境中的祖国表达了深沉的爱。他把家庭幸福、夫妻恩爱与国家前途、人民命运相联系，把对妻子、亲人和国家人民的爱相连，阐明了深刻道理：先有国家和人民的幸福，才有个人真正的幸福。

3. 创设氛围情境，体会情感

提出问题：林觉民在信中提到了两种爱，着重写对妻子的爱，这是为什么呢？

明确对象：这封信是写给妻子的。此番生死离别不是不爱，是形势所迫。希望妻子原谅自己，不要那么悲伤。

提出问题：林觉民生前就知这封信会让妻子万分悲痛，所以在信里表达了爱，表达了悲伤，文中原话是怎么说的呢？

明确表达："吾忍悲为汝言之""汝其勿悲""吾担悲也""余心之悲""（吾）一恸"等。

提出问题：文中大段文字都写了"悲"，请大家认真思考，他在描写"吾悲"和"汝悲"时有什么特点？

明确特点：写"吾"，直言悲痛。写"汝"，劝妻勿悲。

提出问题：他的妻子陈意映收到这样一封绝笔信之后又是怎样的心情呢？我们一起来边看视频边听齐豫的歌曲《觉》，听听陈意映有什么话想对丈夫说。

明确情感：这就是陈意映收到信之后的感情，万分悲痛，肝肠寸断。

【教学意图】

教师先用提问和语言铺垫的方式，让学生认识林觉民，再通过播放《觉》的音频，用音乐渲染气氛，使学生进一步体会文中悲痛、不舍之感。

第六章　高中语文现代小说情境教学策略

　　情境教学可以激发学生对现代小说的学习兴趣，提高学习效率，使学生整体感知并掌握学习内容，进而提高学生的语文学科核心素养。本章在相关理论的基础上，讨论了情境教学对现代小说教学的意义，并围绕高中语文现代小说情境教学现状，对教师教学情况进行访谈，对学生学习情况进行问卷调查。分析了教学过程中出现的问题，提出了有针对性和可行性的策略。

第一节　情境教学对现代小说教学的意义

一、情境教学为小说教学提供活力

　　目前高中小说教学的基本状况大致是按照一般的教学常规进行教学。大体流程是交代时代背景、概括情节、概括人物形象、提炼小说主题、总结艺术特色等，这种教学模式是最普通的，也是最实用的，但对较长的文本采用此种教学模式时，学生会感觉到疲惫，教师的带动也比较难、比较累。要想让教育教学过程成为学生主动投入、主动参与的活动，关键在于学生主体意识的形成，也就是学习态度、情感与意志的作用。情境教学可以通过创设情境，引导学生在特定情境中担当角色，激发对角色的喜爱。同时帮助学生在情境活动中理解角色间的人物关系，体会角色的情感变化。通过代入小说人物的角色效应，强化学生的主体意识，同时结合学生已有的个人经历、社会经验和语文学科知识，将外部世界的已有经验与学生内心的主动建构相结合，在特定的具体情境中，可以构建出课堂教学的优化模式，同时提高学生的阅读兴趣，帮助学生更好地理解文章的内容和思想，进而为小说教学提供活力。

二、情境教学提高小说教学效率

情境教学有着激发学生学习兴趣，提高学生学习效率的作用。当采用了情境教学的方法之后，学生没有了疲惫的感觉，处在轻松愉悦的氛围当中，学生的记忆力得到更好的激发，更有利于学生接收外界信息，进而提高学生的学习兴趣。当学生对课堂感兴趣时，自然会全神贯注，不会对课堂之外的事情留神，教师也无需另外移出时间去维持班级秩序，进而可以帮助学生在预先创设的情境中对课文进行研究和探索，进一步提高小说课堂的教学效率。

三、情境教学帮助学生更好地理解小说语言

小说的语言是非常值得分析和欣赏的，教师可以在课堂上创设相关情境，使学生富有兴趣地、连贯地感受语言背后的魅力。从一定意义上说，语词概念都是思维压缩的产物，它在推衍、形成的过程中使文化的价值负载、镌刻在字里行间。设置情境，就是为文字符号背后的思想内涵和价值意义构建中介，将文章价值内涵具象化地表现出来。使用情境教学时，情境画面中的直观情节及其感情色彩、学习者的情绪表现与课文中的语词以及教学中的语言解释之间形成沟通联系。情境的创设，不局限在多媒体手段的运用上，更是教师语言的诗意运用，直观、形象、整体地还原符号背后富有价值的信息，让学生在特定学习情境中获得情感体验的同时，提高抽象思维能力，进而巩固知识，并储备下来。《孔乙己》中，在喝酒的人嘲笑孔乙己偷书时，孔乙己说："窃书不能算偷……"在此处，他将"偷"换成了"窃"，如果我们是看客，必然会对他的这番狡辩感到好笑，但如果我们是孔乙己，便能理解自己与他人的不同，理解对读书人身份的固守，理解与读书沾光就算得上光荣。教师将文本与现实生活链接，在情境中解释文字符号背后的思想内涵和价值意义，能够帮助学生更好地理解小说语言。

四、情境教学引导学生整体感知小说内容

表象是头脑中所保持的过去感知过的事物的映象，人们对这些映象进行加工改造而创造出新形象的心理过程就是想象。在小说课堂中使用情境教学的方法时，往往需要大量的想象来创设情境。如通过人物对话展开想象，根据文本的语言描写来感知人物形象和人物心理活动。小说文本中，作者常常留白，给人一种言有尽而意无穷的感受，这些空白往往就是作者想要真正表达出来的情感。为了理解作者留白背后所包含的情感，师生双方都需要从整体上把握文本。因此，抓住文本留白处进行想象并创设情境，能够引导学生深层次把握文本的

主旨与内涵。此外，小说课堂的情境教学不是单纯的想象，在课堂上也要遵从小说的基本脉络，即小说的情节与线索。通过对小说情节和线索的梳理和归纳，把握文章的整体走向，这也是情境教学所具有的功能和意义。以《装在套子里的人》为例，文章结局只有一句话："过了一个月，别里科夫死了。"作者在此处并没有其他的描写，却给人们留下了极大的想象空间。所以在教学时，教师可以创设一种侦探破案的教学情境，探究别里科夫的死因。这样的教学情境既可以调动学生的学习兴趣，又可以带领学生从整体感知小说内容，达到一举两得的效果。

第二节　高中语文现代小说情境教学现状调查及分析

一、高中语文现代小说情境教学的基本情况

本部分以笔者教育实习所在的某高中艺术部的学生及教师为主要调查对象，对当前高中语文现代小说情境教学现状进行调查。该高中是一所公办普通高中，按中考成绩高低分设创新实验部、高中部、艺术部三个学部，笔者所在的艺术部的学生中考成绩相对较低，学部采用文化课与艺术课相结合的授课方式，文化课占全部课程比重的3/4。

为了解现代小说情境教学现状，本次调查采用了问卷调查和访谈两种调查方法。通过问卷调查了解学生情况，学生问卷在学校的高一、高二年级的不同班级共发放120份，回收有效问卷117份，回收率为97.5%。此外，笔者运用访谈法对4名语文教师进行了访谈，了解他们对高中语文现代小说讲授采用情境教学方法的看法。其中，高一年级教师1名，高二年级教师2名，高三年级教师1名。

学生问卷调查部分一共设计了20个问题，其中单项选择题18个、多项选择题1个、简答题1个。调查问卷主要内容为学生对现代小说的阅读倾向、阅读小说意义的理解、当下对现代小说课堂教学的看法、对现代小说课堂教学中采用情境教学方法的态度等。通过问卷调查来了解当下学生对现代小说的阅读情况和学习情况，并从学生的角度了解现代小说情境教学现状。

教师访谈部分一共设计了10个问题，主要内容为教师对现代小说的教学偏好，对情境教学的了解程度，在现代小说教学活动中创设情境的方法、节点、取得的效果和反思等，从教师的角度了解现代小说情境教学现状。

二、高中语文现代小说情境教学调查结果及分析

（一）学生问卷调查结果及分析

问题1：你会在课内外阅读现代小说吗？

问卷调查结果显示，经常阅读现代小说和有时阅读现代小说的学生合计占比73%，这表明大多数学生对现代小说有着一定的阅读兴趣，会对课内外的现代小说进行阅读。说明现代小说在高中生中是受欢迎的，这为现代小说教学提供了良好的教学基础。教师应该利用学生对现代小说的兴趣，充分、积极引导学生参与现代小说课堂。

问题2：你平常会选择阅读哪类现代小说？

问题2为多选题，旨在了解学生的阅读倾向。问卷调查结果显示，学生的阅读倾向集中于名著类，历史、科幻题材的现代小说。经典名著是人类文明与智慧的结晶，在学生思维的建构和审美的培养中有着举足轻重的作用，教师应结合学生的阅读倾向和实际需要，为学生推荐相关书籍进行课外阅读。

问题3：你认为阅读现代小说最重要的作用是什么？

问卷调查结果显示，学生阅读现代小说更倾向于提高自己的文学素养和语言表达能力，这表明现代小说对于提升学生的语文学科能力具有一定帮助。一部分学生认为阅读现代小说最重要的作用是提高自己的思维能力，这表明部分学生在阅读时有意识地训练自己的思维能力，也为教师的课堂教学提供了新的可参考的训练模式。

问题4：你是否愿意反复阅读经典的现代小说来回味其中内涵？

问卷调查结果显示，对于优秀的经典作品，大多数学生是愿意拿出时间来反复阅读的，并且愿意多读几遍来理解作品的内涵。这提醒教师在进行小说教学时，要给足学生反复涵泳的时间。课堂时间充裕的，可以选择在课堂上进行阅读。如果课堂时间并不充足，教师要在课下及时监督检测学生的阅读效果，确保学生拥有充足的阅读时间，让学生在反复阅读中获取属于自己的思考。

问题5：在阅读现代小说时，你是否主要关注情节，忽略小说的语言、作者、背景等要素？

问题6：在阅读现代小说时，你是否会将小说人物与现实中的某类人联系起来？

问题7：在阅读现代小说时，你是否会对小说人物的情感或经历产生认同感？

　　本组问题的设置是想检测学生在自主阅读时，是否有意识或无意识地进行情境的联结，如联系现实的情况，同时也检测学生的阅读倾向。

　　问题 5 表明，多数学生在进行阅读时，主要关注的是小说情节，对于语言、作者、时代背景、艺术特色等要素关注较少，这样的现象对于小说相关知识的掌握是不利的。小说的情节是故事发展的主要部分，在故事发展之外，作者精心构思的人物语言、时代大背景下的人物走向无一不是小说的魅力所在。除此之外，对于语言、时代背景的相关知识的掌握，也有助于学生在阅读时自主构建阅读情境，进而迁移到小说课堂上来。这就说明语文课堂的现代小说教学需要一种切实可行的方法推动学生积极关注小说语言、时代背景和艺术要素。

　　问题 6 进一步检测了学生在阅读时将小说中的人物与现实的人物联结起来的意识。从问卷调查结果可以看出，大部分学生存在将现代小说中的典型人物或人物的典型特性与现实中生活的某类人联系起来的习惯，这非常有利于教师在现代小说课堂中创设学习情境，将语文学科知识与现实生活情境相关联，帮助学生更好地进行现代小说的学习。

　　问题 7 则是从情感的角度设问，检测学生对现代小说人物情感或经历是否能够产生共鸣。问卷调查结果显示，有过此种经历的学生占总量的一半，这表明在创设情境时，至少一半学生是能够以情感为基础加入情境的。因此，教师可以通过抓住情感线索创设情境，在情感脉络的流动中，完成现代小说的情境教学。

　　问题 8：在教授现代小说时，你的老师会创设情境吗？

　　问卷调查结果显示，大部分教师会在进行现代小说的讲授时采用情境教学的方法，只是频率并不高，也有一部分教师在讲授时不采用情境教学的方法。教学方法的采用，往往与学生的接受能力和年级的备课安排紧密相关。情境教学的使用频率虽各不相同，但绝大多数教师还是会采用这样的教学方法来组织教学，这说明情境教学是受教师欢迎的一种教学方法，有着较为广泛的使用基础。

　　问题 9：在老师创设情境后，你能对现代小说中的人物性格有所掌握吗？

　　问题 10：在老师创设情境后，你能体会现代小说中流露出的情感吗？

　　问题 11：老师创设的情境可以提高你对现代小说的阅读和审美鉴赏能力吗？

　　问题 12：老师创设的情境可以提高你对现代小说的学习兴趣吗？

　　本组问题的设置，旨在考量学生在过往采用了情境教学方法的现代小说课堂中的收获程度，进而反映出现代小说情境教学现状。从本组数据来看，在教师采用了情境教学的方法后，学生更容易把握现代小说的人物角色性格，但在情感把握上仍有待提高。这与学生的日常生活经验、情感体验和共情能力等有关。在培养提高学生的审美鉴赏能力方面，在教师创设的情境下，近半数学生能够提高关于现代小说的阅读和审美鉴赏能力，仍有半数学生未能在情境中获得这样的提高。同样，近半数学生认为教师创设的情境能够提高自己对学习现代小说的兴趣，有半数学生不曾有这样的感受。这反映出当前情况下，教师在创设一定的情境来带领学生学习现代小说时，需要在情感方面加深策略的研究，注重审美鉴赏能力的提升，并带动学生兴趣发展，以达到更好的教学效果。

问题 13：在现代小说课堂上，老师创设的情境会与现实的社会生活相联系吗？

问卷调查结果显示，过半数的教师在创设情境时注重了与现实相联系，这也符合情境创设的相关原则，同时也能帮助学生在与现实相联系的环境中构建相关的知识体系。这也表明教师在创设情境时注意到了学科认知情境与社会生活情境之间的联系，体现了新版课程标准的思想，也符合新版课程标准的要求。但仍有部分教师创设的情境脱离实际，与社会生活联系较少，不利于学生在课堂上掌握知识、提升素养，同时也不符合新版课程标准的思想和要求。

问题 14：在老师使用多媒体手段创设情境时，情境会与学习内容产生关联吗？

问卷调查结果显示，绝大多数教师在利用多媒体手段创设情境时，会注意情境与学习内容之间的关联，但仍有部分教师选择运用情境教学的方法但并未与所学内容相关联。情境创设不应该流于形式，其目的是提高学生的学习兴趣，从而带动课堂效率的提升，并非为了创设而创设。

问题 15：在现代小说课堂中，老师创设的情境能满足你课堂学习的需求吗？

问卷调查结果显示，过半数的学生能够在教师创设的情境中满足自己的学习需求，但也有近半数的学生在教师创设的情境中无法满足自己的学习需求。这种现象的出现与教师的教学目标设立、教学环节的实施等因素相关。

问题 16：你对目前老师在现代小说课堂上运用的情境教学方法是否满意？

问卷调查结果显示，半数学生对于当下教师在高中语文现代小说课上运用的情境教学方法感到满意，但也有半数学生不满意。这与教室硬件设施、教师创设情境的能力、学生对情境教学的接受能力等因素紧密相关。对于学生不满意的地方，教师需要加以反思，对教学方法进行改进，以满足学生的需要。

问题 17：你认为当前现代小说课堂的教学氛围处于哪种状态？

问卷调查结果显示，学生对当前现代小说课堂上的直观感受多数停留在妙趣横生、自由随意上，少数学生觉得当前的课堂教学氛围沉闷死寂甚至是紧张严肃的。小说课不应是一堂无趣、乏味的课，而应该是学生、教师都沉浸其中，富有生机活力的一堂课。

问题 18：你最喜欢以下哪种现代小说课的课堂形式？

问卷调查结果显示，少数学生更喜欢以情境创设为主的现代小说课堂形式，大多数学生偏爱以学生为主的课堂模式，或是自主学习，或是学生自学。这反映出当下学生群体主体意识突出，更愿意通过自主的学习与研究获得知识。同时也反映出情境教学在学生群体中是受欢迎的、有一定基础的授课形式。这对于教师在课堂中利用情境创设的模式进行现代小说的授课打下了基础。

问题 19：在课堂中，你觉得你与老师的关系是怎样的？

问卷调查结果显示了当前学生心目中的师生关系，在一定程度上反映了课堂组织模式和师生地位的现状。各选项占比相对均匀，展现出当下课堂学生对于师生关系理解的丰富多样。

问题 20：回顾你上过的现代小说课，你印象最深的细节是什么？请简要叙述。

本题是一道简答题，题目设置的目的是通过学生对印象最深的课堂细节的回顾，来掌握教师在授课时对学生施加影响较大的环节和课程模式，以此作为改进情境教学方法的切入点。但本题的结果不尽如人意，并未达到预期的目的。

（二）教师访谈调查结果及分析

对于进行现代小说教学，4 位教师均表示了喜爱的态度。但其中一位语文教师提出，虽然她个人喜欢讲授现代小说，但对基础较为薄弱的学生来说，更多的时间放在了小说类文本阅读技巧的讲解上，并没有针对教材内的小说进行过多的讲解，大多数时间对小说的讲解集中在文章内容的梳理上。梳理文章内容、分析情感主旨、讲解答题技巧是上课的主要模式。同样，其他几位教师也表达出了类似的态度。他们更关心的是怎样帮助学生通过合格考、怎样获得更多的分数，对小说的分析相对较少。

而对于情境教学这种教学方法，几位教师均表示有过了解，但了解相对较少。对于情境的创设主要停留在运用多媒体手段上，如视频、音乐、图片等。在对现代小说这类文本进行情境教学时，偶尔也会采取排演情景剧的方法。在他们看来，情境的创设相对简单，分角色朗读、偶尔排演一下剧目就可以了，学生也比较喜欢这样的方式，但也存在一定的弊端，即整体参与度不高，积极的学生可以并愿意花费时间进行排演，而其他学生难以参与进来。几位教师也表示，他们愿意在现代小说课堂上创设教学情境。

对于当下高中语文现代小说情境教学存在的不足，他们认为，在采用了情境教学的方法后，教师不太容易控制课堂，学生在创设的情境中善于自我发挥，有时会出现教师难以引导的情况。同时，情境的创设受硬件条件、教师储备、学生素养等多方面的影响，会出现预设和实际相互脱离的现象。

三、高中语文现代小说情境教学存在的问题

（一）情境创设偏离教学目标

每堂课都有着自己的教学目标，教学目标的完成情况是教师需要关注的重点。教学方法的采用，是教师更好地完成教学目标的帮手，目的是更好地完成教学目标。情境教学可以提高学生的学习兴趣和课堂效率，能够帮助教师更好地完成教学目标。但在对情境教学的实际应用中，还是部分存在为了应用而应用的情况。这样一来，情境的创设变成了课堂的主要完成目的。怎样创设更加贴合教学目标的情境是教师需要思考的问题。

（二）情境创设流于小说情节

通过对学生和教师的调查，笔者发现，现阶段的情境创设大多以小说情节为出发点。学生在阅读小说时，较多留意小说情节，较少关注其他因素。而教师在创设情境时，偶尔也停留在对小说情节的重现层面。诚然，紧扣小说情节能够帮助学生更好地理解文章内容，但不能只是简单地"读人物""读故事"。让人感动的往往不是人物与故事情节，而是它们之外的某种东西。学生可以在小说学习中拥有充分的体会、感受和移情，拥有与现实生活的某种链接。同时教师也要考虑到如何在情境中将小说的读法传授给学生，使学生学会阅读小说。

（三）情境创设夸大表现形式

对于情境教学，某些教师会坦然相陈："情境教学很简单，找几个学生，利用自习课排个课本剧，找个时间演出就可以了。"这种观点就是单纯抓住了情境创设的表现形式，注重外在的热闹，而不关心学生在这样的形式下是否能够真的抓住小说角色的情感流向，在角色扮演中有所收获。在创设情境时，部分教师会过多关注情境的表现形式，这种现状需要改变。

（四）情境创设远离实际应用

现有的情境创设集中表现为通过创设具体情境来帮助学生体会文章蕴含的丰富情感和表达的妙处。但在具体生活应用过程中，在情境中学习和探究的话语，难以满足学生在生活中语言交际的实际需要，导致学生在实际语言表达时常常出现词不达意的现象，不符合语文学科核心素养对培养全面发展的人的要求。

四、高中语文现代小说情境教学问题产生的原因

（一）部分教师对课标和教材把握不到位

对于情境，新版课程标准和相关的教材解读都有一定的解析，在教师用书中，也为教师提供了可参考的教学情境，但受制于各地区不同接受能力的学生间的差异，无法将同一个模式套用给所有学生，因此就需要教师结合课程标准和教材因地制宜地创设适宜学生的情境。在教材中，每个单元都有以活动为主的单元学习任务，这些任务都需要在一定的情境中完成。当然，针对不同地区的学生发展情况的差异，教师在备课时，应该结合实际情况，设置符合学生发展需要的教学方案。而如果对课标和教材缺乏明晰透彻的把握，则很容易在进行所谓的情境创设时偏离依据，舍本逐末，片面追求为创设情境而创设。

（二）部分教师对小说的类型关注不全面

教师在教授小说时往往会从人物、情节、环境三方面进行教学设计，但并不是所有的小说都会在这三方面狠下功夫。相反，有些小说具有散文化、抒情化的倾向，有着独特的美感。在教授这类小说时，如果仍套用固定的模式对文章进行解读，不仅很难使学生得到能力上的提高，而且会降低学生对小说的学习兴趣。例如《边城》，去分析小说中的人物、情节、环境，就很难讲出小说的美感来。教师可以通过创设情境，让学生在情境中感受文本的意境，去感受那种诗的味道，体会朦胧的感觉。在诗意的境界中，感受美的水色山光、美的风土人情、美的感情，这不失为一种可尝试的选择。让学生在作者虚构的世界中感受一种别样的人生的同时，也能够被美的语言文字打动，进而在日常表达中优化自己的语言，富有语言美。

（三）部分教师对情境创设的重点不明确

教师创设的情境必须是真实的、贴近学生生活的、能够提升学生核心素养的情境。因此情境创设的重点不仅是激发学生的学习兴趣，更是为学习活动的开展

提供背景、条件以及营造氛围。教师要清楚，不是为了创设情境而创设，要将情境创设的重点转移到有效吸引学生的学习兴趣，为学习活动的开展提供背景、条件以及营造氛围上来。诚然，热闹的表现形式更容易吸引学生和旁观者的注意，但这样就脱离了情境教学的初衷与目的。并非反对热闹，而是要注意热闹之下，学生是否获得了语言、思维、审美和文化方面的提升。

（四）部分教师轻视学生语用能力的培养

语用能力贯穿于语言文字使用的各个层面，语形、语义综合作用，语言使用者在具体语境中就自己的意向或意图，灵活地应对语境。情境教学有着提高学生学习兴趣的特点，在情境中学生更容易感受到作者要传达的思想与情感。我们要注意到，作者的情感与思想都是通过语言文字表达出来的，但部分教师在情境教学中轻视学生的语用能力培养。因此，在情境中欣赏文本的同时，教师也要注意对学生语言文字运用能力的培养，帮助学生在一定的语境之中，通过语言文字正确传递自己的想法与意图，培养和提高学生语言文字的运用能力，进而达到在教学过程中注重学生实际应用能力培养的效果。

第三节　高中语文现代小说情境教学策略

一、追溯语言情境，发幽探微剖析深意

语言是一种特殊的社会现象，是人类特有的用来表达意思、交流思想的工具。汪曾祺说："世界上没有没有语言的思想，也没有没有思想的语言。"由此可见，语言不仅仅是形式或手段，更应该与内容放在同等高度的认识上。小说的魅力首先在于语言，语言是带着作品的内容、带着作者的思想的。小说的语言就是情感，形式就是内容。因此，在现代小说教学中采用情境教学的方法，就必须考虑和重视小说语言的重要地位。语言情境，简称语境。广义的语境包括语言的社会环境、自然环境，以及一个人的语言风格、方言基础、生活经验、知识水平、文化素养等的综合；狭义的语境，是对语义影响最直接的现实的语言环境，即"语义场"，它专指一个语言成分出现的"上下文"和"前言后语"。表达的需要促使语言文字和思想感情之间常常存在差异，因此会对语言文字有着浅层和深层的理解。浅层理解可以直接接收，但深层理解就需要分析鉴赏了。所以，追溯语言情境，可以帮助学生在一定的语言情境中学习语言、理解语言、运用语言。

（一）品味语句，营造相似体验

语句是小说中人物对话的主要载体。人物间的对话反常规的地方需要我们仔细研究。以普遍理性而论，人和人的对话一般来说是问题匹配答案的。但小说中有许多对话是答非所问的，这就是我们需要注意的地方。除此之外，我们还需要注意对话中话题的转换和控制的地方，因为主要人物会控制话题的转换，实现从一个话题到另一个话题的转换。我们可以在品味语句时，对"前言后语"进行分析和体会，通过借助生活中的相似体验而进入文本中的语言情境，来感受对话间蕴含的深层情感。

如《荷花淀》中，水生嫂等水生回来，水生回来得很晚，水生嫂笑着问："今天怎么回来得这么晚？"这里面就蕴含着"平时回来得晚，今天回来得特别晚"的意思，既然回来得晚，那就是有原因的。按常规的对话习惯，下文就应该是水生对今天回来得晚的解释，但接下来发生的对话是反常规的。水生嫂站起来要去端饭，水生说："吃过饭了，你不要去拿。"从这里我们可以看出话题的转换，水生知道她要去给自己拿饭，同时他也没有回答"今天怎么回来得这么晚"这个问题，而是将话题转移到了"吃过饭了"上。这里是很值得教师引导学生分析的。因为水生第二天就要到大部队去了，水生知道家里的难处，但又不得不去参加战斗，无法向妻子坦然相陈。这样的表达需求促使水生进行了话题的转换，以躲避对妻子问题的回答。所以虽然表层是在陈述"吃过饭了"这个行为，但深层想要表达的是即将离开家庭奔赴前线的事实。再如后文水生嫂低着头说："你总是很积极的。"表层是在对水生行为的称赞，但深层是对水生即将离开家庭的理解和不舍。由于某些特殊原因而无法向他人坦然相陈的心理体验在学生自身的生活经历中是存在的。通过品味二人话题的转换，我们得到了隐藏在人物语言之下的深层情感，也理解了因表达需要产生的语言文字间的情感差异。

（二）结合背景，探寻语言奥秘

一个人的语言风格与其生活的时代背景是紧密相关的。人人都超要求完成任务的非理性内部竞争在过去几年只会被大家抱怨与诟病，但绝不会用"内卷"来形容这种现象。由此可见，语言风格与说话者所处的环境、心理活动以及想要传递的信息是紧密相关的，同时也受社会、自然环境的影响，在小说中也是如此。

《变色龙》70%的内容都是对话，奥楚蔑洛夫第一次的问话根本就不需要回答。"你干吗竖起指头？""是谁在嚷嚷？"他并不需要回答，而是想要通过这样的问话表现出一种居高临下的态度，表达出一种身份、腔调与气派。当将军的哥哥来了，他又开始想要奉承将军的哥哥。"可了不得了，主啊！""那么这是他老人家的狗？很高兴。……你把它带去吧。"甚至在奉承将军的哥哥之后，又去讨好这条狗："它生气了，小坏包……好一条小狗。"这就和他刚出场时的态度截然不同：刚出场时的奥楚蔑洛夫，讲起话来是流利的、有气势的；而当他阿谀谄媚的时候，便失去了威势，说的话变得破碎且凌乱。通过引导学生观察人物语言的自相矛盾、语气立场多变，可以很容易带领学生勾勒出人物的性格和形象，但小说教学绝不能止步于此。小说是作者精心构建的一个系统。人物语言背后通向更多有待探寻的奥秘。这里的人物语言背后投射的乃是一种社会现实环境。沙皇专制制度下的俄国用法令掩饰着不断强化的、残暴的专制统治。这时的警察不再是公民合法权益的保护者，而是打着法令的旗子献媚邀功，意图获取更高官爵来谋求利益的人。通过挖掘广义的语境，即"语言的社会环境、自然环境，以及一个人的语言风格、方言基础、生活经验、知识水平、文化素养"等，教师可以引导学生更好地把握小说中塑造的人物、反映的社会现实，体悟作者语言运用的精妙，通过破译语言的奥秘进而更好地完成小说教学。

（三）掌握语意，获取阅读关键

语意是语言所包含的意义，是作者在创作文本之初想要表达的本意。作者在创作冲动产生之前必然受其所处时代背景、个人遭遇、个人思考与情感等诸多方面的影响，这些影响构成了作者的创作冲动。作者在创作时也会将这种冲动灌输在文本之中，进而对文本包含的意义产生影响。

鲁迅在俄文译本《阿Q正传》的序中这样说道："我虽然已经试做，但终于自己还不能很有把握，我是否真能够写出一个现代的我们国人的魂灵来。"又在《我怎么做起小说来？》中说："所以我的取材，多采自病态社会的不幸的人们中，意思是在揭出病苦，引起疗救的注意。"由此可以看出，鲁迅先生创作《阿Q正传》的本意是来"揭出病苦，引起疗救的注意"，这种本意就自觉或不自觉地贯穿在了文本之中。小说中有这样一句话——来了一阵白盔甲的革命党。我们可以抓住这点展开分析，在什么样的情况与背景下，阿Q产生了这样的认识？这是因为他把革命党的那些人错误地当成了反清复明的人，从此处我们看到了阿Q等人对革命党人的认识是有着自身知识水平局限的。革命党走过土谷祠，叫道："阿Q，同去，同去。"为什么阿Q会产生这样的幻想？这就与他的生活经验紧密相关了，因为他就是这样在城里当小偷的。革命党来了，他也同样会幻想革命党人是否也会一样叫他"同去"呢？作者把阿Q曾经的偷窃经验和想要加入革命党的意愿糅合在一起，展示并刻画出了当时农民对于革命不明所以又贪图私利的狭隘浅薄心理和愚昧落后的思想状况，学生也可以借此体会作者想通过一个典型人物去"揭出病苦，引起疗救的注意"这一初衷。

从这个例子我们看到，通过追溯语言情境，即抓住语言的个人风格、生活经验、知识水平、文化素养等，就可以以点带面地掌握语言情境背后关涉的复杂内涵，这既有助于学生更准确地把握小说人物的思想与性格，又可以更深刻地领悟作者的语意和主旨。所以我们有理由说，追溯语言情境是进行小说教学的一个有效策略。

二、创设问题情境，拓展思维发挥想象

问题自身即是一种特殊的情境，是已有信息和目标信息之间需要克服阻碍的一种刺激情境。问题是教学目标的具象，也是创设情境的起点。每一个创设出来的情境，都有要达到的目标。达成目标都需要一定的条件，如物质条件或心理条件。同时也要考虑当前状态和目标状态之间的距离，即需要克服的阻碍。因此，拥有了以目标、问题为导向的情境创设，且该情境是学生当前状态可以达到、可以依靠已有信息经过思考而获取目标信息的情境，才能够更好地实现教学目标，进而促进学生思维发展。而小说这种文体由于总要依托塑造人物、设置情节、描绘环境而埋藏线索和深意，特别便于创设问题情境，我们相信，合理创设问题情境具有使小说教学事半功倍的妙处。

（一）设主问题，把握小说要素

问题情境需要依据教学内容引导学生在一定的情境中提炼出需要解决的问题。一篇小说有很多值得分析的问题，也有很多可以选择的角度。但在教学时，教师要选择的就是最符合本节课教学目标的角度，从这个角度出发去构建课堂。这就需要教师在准备教学方案时进行整体勾勒，设计好整篇文章的主要问题，从主问题出发，带领学生在情境中拓展思维。而在小说教学中，这个主要问题的创设其实是有据可循的，大概率是围绕着小说的人物、事件、环境而来的。

如《我的叔叔于勒》中，我们就可以围绕船上的巧遇设计主要问题。巧遇的发生前后，菲利普夫妇有什么样的变化，为什么会有这样的变化？通过抓住文章的主要事件，带动学生思考围绕主要事件的相关人物，主要事件的起因、经过、

结果，进而理解全文。又如《装在套子里的人》一文，教师可以引导学生总结并提炼出以下主要问题：人为什么装在套子里？套子是指什么？将问题贯穿在整篇文章的学习过程之中，不仅能够满足学生的阅读需求，同时也能引导学生思考作者为什么塑造了这样一个人物形象，这个人物形象所具备的典型特征又有怎样的现实与社会意义。学生经过自己的思考，产生了已有知识结构与当下问题暂时无法解决的刺激模式。通过亟待解决的问题引出学生的求知欲和学习兴趣，进而得出关于主要问题的合理解答。

（二）巧抓留白，体会意蕴无穷

留白是中国传统绘画的一种构图技巧。在绘画时故意留出空白，让欣赏者在进行审美活动时，凭借着自己的想象和感受去填补画面中的空白。同样，这样的技巧也被广泛地应用在文学、书法等多种艺术形式中。这种方法的使用，反而增强、加深了作品的内涵。小说中也存在着许许多多的留白现象。在作者的设计与安排下，文本中留下了并没有直接以文本形式展现出来，但实际上又参与了小说构建的那部分，这部分就可以成为教师情境创设的切入点。在学生的理解中，留白就是阅读结束后想要表达自己对这种"不完整"的理解的冲动。教师恰恰可以抓住学生这样一种心理期待巧妙地提出问题，充分勾起学生补充表达的欲望。因为留白的部分要素模糊，具有一定的不确定性，能引发学生的认知冲突。对于留白的理解，需要思考和判断哪种补充表达更贴近文意，更符合小说人物的身份、性格，更吻合小说情节发展的逻辑，放到小说的自然环境和社会环境中更合理。这种围绕留白去创设问题、让学生解决问题的训练，也很好地激发了学生学习小说的兴趣，对学生想象力的发展也起到了促进作用。

《项链》的结尾就是作者主动设置的留白。在结尾处通过佛来思节夫人的一句话揭示了项链的实际价格，但文章也在此戛然而止。作者的言有尽而意无穷使故事更加耐人寻味，也给教师创设问题情境进行小说教学提供了良机。所以利用留白创设问题情境，可以让学生充分地遐想与探究，激活学生思维。学生在思考留白处时，会调动自身已有经验与文本结合，并结合创造性想象填补空白。在课堂环境中，学生会在合乎逻辑的基本框架下对留白处进行补充，通过形象思维和逻辑思维的统合发展思维能力，既解决了问题，又达成了思维发展的目标。

（三）紧握矛盾，促进探究质疑

文中的矛盾处也是创设问题情境的选择之一。小说离不开矛盾，在进行课堂教学时，教师可以将小说人物或情节等方面存在的矛盾作为创设问题情境的切入点，也可以紧握整个故事的矛盾冲突点创设问题情境。教师指导学生关注小说的矛盾处，能够加深学生对小说内容的把握，因为要想发现矛盾，首先必然要细细梳理小说内容，尤其在学生没有生疑之处，教师更需要抛出有质量的问题，引导学生去探究质疑。矛盾自身有着独特的吸引力，教师通过利用这些矛盾，可以吸引学生的兴趣。同时，矛盾常常会带来不解，学生的疑问就是需要克服的阻碍，通过创设问题情境，让学生在自主的探究活动中，获取隐藏在矛盾之下的、更具有深度的文章含义。在进行课堂教学时，教师可以利用文中的矛盾来鼓励学生对自己存疑的地方大胆地进行表达，让学生在探究的过程中不断提升自我。

祥林嫂身上饱含着重重矛盾，她守本分却不能安身、逢祝福却不得祝福，这些矛盾点正是文章想要表达和传递的思想。这是学生具有疑问的地方，也是学生感兴趣的地方。教师通过抓住矛盾点激发学生的兴趣，学生自然会产生求知欲，进而在矛盾的起伏中逐步解决疑问。同时，构筑小说情节离不开矛盾冲突，推动故事情节发展也需要矛盾冲突，甚至人物性格的刻画常常也是在解决矛盾冲突中完成的。运用创设问题情境的策略更便于开展小说这种文体的教学。

三、营造环境情境，激发学生情感共鸣

环境一词在不同学科中有着不同的定义。在教育学中，环境的定义为直接或间接影响人的个体的形成和发展的全部外在因素。而教学环境是一个具有广泛意义的概念，既包括社会环境，也包括物质环境。社会环境包括诸如影响教学活动的教育制度、教育政策法规、语文课程标准、教育管理者等；物质环境包括语文教学场地、语文教学设备、语文教学资源。教学环境的物质环境和社会环境为情境教学提供了富有活力的场景，通过利用这些场景进行情境创设，产生了环境情境。因此，依托物质环境和社会环境而创设的环境情境更能够激发学生的情感共鸣，进而提高学生的学习兴趣与求知欲。

因此，在创设环境情境时，需要教师进行多方面的考量，包括作者在文本中创设的小说场景、教师利用课堂多媒体手段搭建的物质环境，以及与学生实际生活相连的真实社会环境等。从物理层面出发，需要考虑教室的空间、音响、光线等；从情感层面出发，需要关照到美感、舒适感等；从认知层面出发，需要掌握学生已有的经验和教学的重难点；从人际关系层面出发，需要思考学生

间、师生间的和谐关系等。在课堂教学中，营造合适的环境情境，能够从物理和心理等多个层面为学生的学习提供适宜的情感共鸣点，让学生在审美体验中获得个体的发展。同时，由于小说文体更注重环境氛围的烘托，营造环境情境更便于学生直观地与文字传达的环境相通，这也成为非常适宜于小说教学的一个策略。

（一）抓住场景，体悟小说情感

作者为每篇小说都设置了故事发生的场景，这些场景是文章主要人物的活动场所，也是他们的生存空间。教师在创设教学情境时，不仅要注重与学生现实生活的联系，以实现时空迁移，更要抓住文本中作者创设的场景，以文本为基础，帮助学生与文本展开对话，引发情感共鸣。

以《老人与海》为例，因为主人公是渔夫，所以捕鱼对他来说是会必然发生的事情。因此，当他遇到一条大鱼时，放弃就成了一个概率极小的选择。选择不放弃就需要随着大鱼的行进路线来到深海，深海中存在着鲨鱼，它们也会和老人争夺这条大鱼，进而就引发了二者之间的搏斗。因为主人公在这个场景中，具有这样的身份，所以发生的一切都是相联系的，必须在这样的轨道上走下去。如果脱离作者设置的场景，那么这一切的发生就变得不合理起来，学生自然也无法体会到作者文字背后的情感。在创设教学情境时，从小说场景出发并找到合适的切入点，就能轻易地带动学生的情感。小说归根结底是来源于现实生活的，但小说又以一种虚构的态势对现实生活进行了加工。正因如此，小说场景是一种留有想象余地但又具有现实特征的场景。情境的创设激发了学生的想象，学生的想象又丰富了情境，这样有助于学生更好地体悟小说的情感。

（二）善用媒体，再现小说世界

多媒体设备的蓬勃发展和其在基础教育阶段的广泛普及让情境教学的可视化手段更加丰富。这使教师在创设教学情境时可以摆脱技术手段的限制，在课堂中可以运用集成化的多媒体设备广泛调动学生的视觉、听觉，通过外在的感官刺激帮助学生进入教学情境。在新媒体高速发展的今天，也有部分学者提出将虚拟现实技术、增强现实技术引入课堂，这也给未来的课堂教学提供了新的发展方向。当然，在不断探索新技术的同时，我们仍可以对已有的方法有选择地进行使用。无论是运用实物演示情境来帮助学生认识客观事物，还是借助图画再现情境为学生提供清晰思路，抑或是播放音乐渲染情境、调动感情、抚慰心灵，都应该是教师在创设情境时可采用的手段。教师可以选择合适、恰当的多媒体方式，在课堂中创设情境，帮助学生在脑中再现小说世界。

如《药》中"却只见一些人的后背，颈项都伸得很长，仿佛许多鸭，被无形的手捏住了，向上提着"，就可以通过图画生动地展示出来（见图6-1），较容易地吸引学生的注意力。学生在富有学习兴趣的基础之上，可以较轻易地感知和把握学习内容。将文本中运用语言描写的情境通过多媒体手段再现出来，实际就是将文本内容形象化，这样符合学生对形象乐于接受、易于理解的特点。通过呈现形象产生美感，满足学生情感关注的需要。在情感满足的基础之上，激发学生的求知欲和好奇心，促进学生形成努力探究的心理。这样可以帮助学生在脑海中更快速地形成对小说文本的形象记忆，并满足学生的好奇心，进而确保学生可以在较为活跃的状态下，以饱满充足的情绪进入接下来的教学活动。

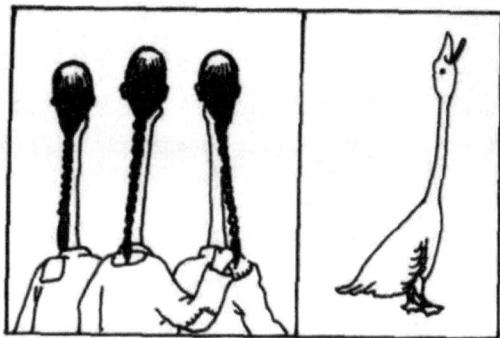

图6-1　《药》情境示意图

（三）联系生活，观察小说人物

生活是文章的真正源泉，所有的文章都是作家某时某地的生活经历在脑海中的映现或重演。作家在作品中反映的生活往往很难与学生的自身生活经验紧密连接，这时就需要教师通过创设情境将文章中所写的生活与学生的生活联系起来。如同朱熹所说："虚心涵泳，切己体察。"将学生自身从学校、社会、家庭等多方面积累的这样或那样的生活经验，通过情境与文章沟通起来，进而强化他们的体验，增强对文章的理解，去领略作者在文中表露出来的感情。许多时候，小说中大笔墨描写的主要人物，在当下的社会中同样存在，学生可以联系自身生活，在课内外观察小说人物，获得切身体验。

如阿 Q 的精神胜利法，其身上显现的自尊自大、自轻自贱、自欺欺人和欺软怕硬，体现在小说的字里行间，在当下的现实生活，甚至学生自身都可能经历过那种"我总算被儿子打了，现在世界真不像样……"的精神上的转败为胜。这种体会，在经过与自身已有经验的联系后，感受会更加深切和永恒。小说人物与现实生活的连接可以帮助学生打破书本的局限，将小说的精神主旨拓展到现实社会中，把学习从平面的文字代入真实的生活，使学生在现实生活中获得更多的体验与感受，进而加深对文本的理解与掌握。

四、立足文化情境，探究主旨理解文化

文化情境更多出现在美术学科的相关研究中。国家美术课程标准研制组组长尹少淳认为，所谓文化情境，是指一件美术作品被创作出来时所依托的文化环境、条件及其特征。文学作品与美术作品同属于艺术作品，那么我们也可以将文学作品的文化情境定义为一部文学作品被创作出来时所依托的文化环境、条件及其特征。文化情境可以帮助学生更好地理解文章的主旨，也能帮助学生更好地理解作品蕴含的文化特征，进而感受到作品对于生活的独特贡献。因此，教师需要带领学生将作品置于特定历史文化情境中理解、分析和评价，进而加强对小说主旨的体会，丰富、深化对历史、社会和人生的认识。同时，作者独特的创作风格也与其所处的时代紧密相连，因此在文化情境中赏析作品时，也要考虑到作者自身所具备的独特的时代气息，并且要有意识地对不同文化环境中诞生的作品进行理解与借鉴，掌握人类文化的精华。

（一）回溯历史，理解时代诉求

小说通常都有与之对应的历史背景，历史背景反映出了某种文化模式或历史传统。小说作家受到所处时代社会的政治、经济、文化等的影响，因此，小说的历史文化背景是立足文化情境理解小说主题的重要因素。所以教师在教学时不仅要关注人物周围事物对人物自身的影响，更要关注人物生活的时代背景与其所处的社会文化体系，进而帮助学生在特定历史文化情境中把握和理解文章的主旨。

在《复活》中，托尔斯泰将俄国人民的苦难触目惊心地描绘了出来，同时也进行了深刻的发问：谁造成了俄国人民苦难？怎样才能让俄国人民过上好日子？托尔斯泰用自己的笔告诉我们，这一切的罪魁祸首是沙皇制度，沙皇的官方教

会也是帮凶之一。当我们回溯历史时，可以得知，19 世纪 70 年代末到 80 年代初，迅猛发展的俄国资本主义严重影响了当时的俄国农村地区，劳动人民的生活愈发贫苦。战争的重负、连年饥馑更是给人民带来了深重的灾难。由此可见，玛丝洛娃所处的社会背景是无法逃离的客观因素。在教学时，教师可以带领学生通过以玛丝洛娃被聂赫留朵夫抛弃前后的对比为切入点进行探讨，可以探究出当时的社会条件对二人的行为有着极大的影响，二人的行为甚至无法根据自己的内心进行选择，不得不发生了"犯罪"的行为，进而可以延伸到对犯罪与惩罚、自律与他律等方面的探讨，从而更加深入地理解作品的主旨。同时在分析时，又会对历史背景进行再理解、再分析。小说文本内外含有的文化环境、条件及特征可以通过文化情境进行更好的理解，有助于学生加深对文章主旨甚至是对社会与人生的认识。

（二）关注作者，理解创作意图

在对小说主题进行探究时，我们无法回避作者的创作背景，也无法离开作者的个人风格。因此，这些富有个性化的标签总会出现在作者的文字当中，并在主题思想中留下深深的痕迹。在教学中立足文化情境，教师不仅要关注小说的创作背景，还要关注作者的个性化思想，其独特的创作风格必然受其所处的时代背景的影响。所以在面对个人特征明显、时代痕迹深刻的小说时，教师可以引导学生通过自主收集、查阅资料来弥补关于创作背景等方面知识的认知空白。在阅读文本时及时捕捉作者的个性化思想，以此来更全面地掌握小说文本，进而提炼小说主旨。

教材中的《百年孤独》虽然是节选，但充分展现了"变现实为幻想而又不失其真"的魔幻特色，这种魔幻特色既来源于对印第安传说、东方神话以及《圣经》典故的借鉴，又有来自现实的原型。如丽贝卡只喜欢吃院子里的湿土和用指甲刮下的石灰墙皮，其原型就是作者"整天啃食泥巴"的妹妹。作者的祖母酷爱算命，作者还有许多名字相同的亲戚。这些都成了作者创作时的基础，也被作者融入小说，成为不可分割的一部分。通过收集创作资料，我们也可以发现，作者创作的初衷是为童年经历找到一个文学的归宿，而作者的童年正是其自身经历的，也构成了这部作品的文化背景。因此，在文化情境中，我们也需要关注作者，在文章自身具有的文化环境与特征中理解作者的创作意图，进而更好地掌握小说的主题思想。

（三）立足本土，加强文化理解

教师在文化情境中带领学生进行解读时，需要引导学生在作品产生的文化环境与客观条件中进行解读，同时也要有意识地探究不同民族文学之间的共同话题和文化差异，进而提升学生的跨文化理解能力。在比较与交流中提升学生对我国优秀传统文化的理解与认同，提升文化自信，使其积极参与文化建设。

第七章　核心素养视域下的高中语文古诗词情境教学策略

中华优秀传统文化是始终贯穿必修、选择性必修和选修的重要课程内容之一，且相当一部分研究表明，情境教学法是适宜古诗词教学的。但随着语文新课标的出台、语文核心素养的提出，传统的古诗词情境教学已然不能满足新课程改革的要求，这就需要人们更深入地研究古诗词情境教学的操作策略和方法，使高中古诗词情境教学紧随课改的步伐，焕发新的生命活力。

第一节　高中语文古诗词实施情境教学的必要性

高中的古诗词教学会受到学校、教师、学生、环境等各个因素的影响，但其中影响最大的是高考语文的考试大纲和课程标准的要求。所以，本节主要从高考和语文核心素养两个层面探讨在高中语文古诗词教学中引入情境教学的必要性。

一、高考与古诗词情境教学

（一）高考中的古诗词

古诗文阅读是历年高考的必考内容，一般由一道客观选择题和一道主观问答题组成，主观题 6 分，客观选择题由五选二 5 分改为四选一 3 分，总分值从 11 分下降到 9 分，主要考查考生对诗歌内容的理解、艺术手法的鉴赏和对作者思想感情的把握。现以 2018—2020 年全国卷及 2021 年新高考适应性考试模拟卷为例，对古诗词考查要点进行分析，如表 7-1 所示。

表 7-1　2018—2020 年高考语文全国卷及 2021 年新高考适应性考试模拟卷古诗词考查情况

年份	卷别	标题	作者	体裁	分值	主观题考查内容
2021	新高考适应性考试模拟卷	幽州新岁作	张说（唐）	边塞诗	9	分析作者情感
2020	新课标Ⅰ卷	奉和袭美抱疾杜门见寄次韵	陆龟蒙（唐）	酬和诗	9	概括思想感情
	新课标Ⅱ卷	读史	王安石（宋）	哲理诗	9	分析诗歌含义
	新课标Ⅲ卷	苦笋	陆游（宋）	咏物诗	9	概括诗歌形象
	山东卷（新高考Ⅰ卷）	赠别郑炼赴襄阳	杜甫（唐）	赠别诗	9	分析意象、抒情方式
	海南卷（新高考Ⅱ卷）	赠赵伯鱼（节选）	韩驹（宋）	赠别诗	9	分析诗歌内容
2019	新课标Ⅰ卷	题许道宁画	陈与义（宋）	题画诗	9	分析诗句含义，作者观点态度
	新课标Ⅱ卷	投长沙裴侍郎	杜荀鹤（唐）	干谒诗	9	鉴赏表达技巧
	新课标Ⅲ卷	插田歌（节选）	刘禹锡（唐）	田园诗	9	比较鉴赏语言风格
2018	新课标Ⅰ卷	野歌	李贺（唐）	山水诗	9	分析诗句含义
	新课标Ⅱ卷	题醉中所作草书卷后（节选）	陆游（宋）	题书法	9	分析意象
	新课标Ⅲ卷	精卫词	王建（唐）	咏物诗	9	分析诗歌内容

从表格中可看出，高考考查的多为名家作品，且基本为唐诗宋词，题材涉及面较广，既有山水田园诗，又有咏物诗、赠别诗等。考查内容包括对诗词内容、意象、情感、手法、语言等的分析鉴赏，且题意的表达越来越灵活，但万变不离其宗，都是基于对诗词内容的理解，分析其手法、遣词造句等的艺术特色，概括分析诗词情感等。总之，高考对古诗词的考查基本涵盖了古诗词知识的各个方面，只是就比例而言，更倾向于对作者情感观点、诗词内容含义、艺术手法等的考查。

（二）高考指挥棒下的古诗词教学特点

在负有应试任务的情形下，高考考什么、怎么考必然会对古诗词教学的内容和方法产生较大的影响。笔者根据自身从教经验和对古诗词课堂的观察、记录、整理和分析，从中筛选了一个有代表性的教学案例作为研究对象，旨在了解高考背景下高中语文古诗词教学的特点和常态化课堂的一般教学方式，以及情境教学法在应试背景下应用的可能性及可行性。

1. 案例简述

内容：粤教版高中语文选修一第一单元第一课《观猎》

学校：汕头市某中学

年级：高二

【教学过程】

（1）解题

诗人观看将军打猎。

（2）整体感知

播放朗诵视频，学生诵读，理解诗句内容，PPT 出示翻译。

为诗词分层：1～4 句，射猎场面；5～6 句，猎罢回营；7～8 句，回望猎场。

（3）鉴赏诗歌

场面一，射猎场面（首联、颔联）。

首联：找出诗句中的形象，这些形象有何特点？（提示：形象包括人物形象、景物形象等）

颔联：同样找出诗词形象，分析形象特点；此联中的"疾"和"轻"二字用得极好，你认为它们好在何处，请简要分析。（提示：此题为练字题）

PPT 出示答题格式：释义或手法；放入原句描述景象；点效果或情感。

场面二，猎罢回营（颈联）。

颈联：找出形象，这些形象对突出将军形象有何作用？

场面三，回望猎场（尾联）。

尾联：找出诗句形象——射雕处、暮云平。射雕处用典，突出将军射艺高超、精通武艺；暮云平写出将军的悠然自得。尾联表现出来的淡静、平缓，与前三联的紧张、激烈、迅疾形成鲜明的反差，这是什么表现手法？你还能说出相似的例子吗？（课本课后题）

（4）全诗小结

第一，分析诗词主旨。

第二，再次读诗。

第三，罗列全诗的景物形象，总结手法：精于练字、以物衬人、巧用典故。

第四，总结将军形象——表达作者对将军的赞美。

第五，引入诗人前期奋发有为，渴望从军边疆的心态，分析诗人形象：充满豪情壮志，渴望建功立业。诗人塑造这样一个英雄形象的目的："千古文人侠客梦"，诗人在圆他自己的梦想。

（5）课堂练习

诗词采用了什么表现手法，有什么作用？（提示步骤：明手法＋析手法＋点效果）

2. 案例分析

这个案例具有目前高考影响下古诗词常态化课堂的代表性，从该案例中可以看出常态化古诗词课堂的一般特点。首先，从教学内容的选择与侧重上看，高考背景下的古诗词课堂更加侧重对诗词的理性分析，逐字逐句将诗句中出现的相关知识点挖掘出来让学生掌握。其次，从教学方法上看，主要采用讲授＋训练的方法，让学生在诗词学习的过程中学会或者强化某一类题型的答法技巧。最后，从教学基本流程上看，大致由三个环节组成：了解背景、诗意，技法分析，总结情感。

总之，在高考背景下的古诗词教学中，许多教师将重点放在对诗词的分析上，轻视学生的情感体验，将古诗词教学分成几大板块，对碎片化的考点知识零敲碎打，将古诗词教学简化成系列答题技巧与步骤，使得学生对诗词的审美感受力逐渐弱化，实是因小失大。且从对教师的访谈及对学生调查的结果来看（本章第二节会有所提及），在学生的基本诗词品读能力没有形成的情况下，趋于分析型的古诗词教学效果并不明显。

（三）高考与古诗词情境教学

从以上的分析中可以看出，在高考对古诗词考查范围越来越广的情况下，针对每种题型进行答题技巧和步骤的点拨往往收效不大，培养学生对诗词的敏感和鉴赏能力才是第一要务。

而从情境的角度看，一首诗词就是一个特定的情境，这个情境通过语言的形式展现出来，艺术手法就是作者构筑情境的方法，而情感思想是这个特定情境的灵魂，所以诗词的情境教学就是引导学生深入认识情境。在此过程中，学生将进行了解诗词内容、分析手法、赏读语言和体验情感等活动，这就意味着，在古诗词课堂上运用情境教学与高考并不冲突，且情境教学所倡导的"引起学生学习的热烈情绪"和"还原学生主体性"更有利于古诗词的教学。也就是说，古诗词情境教学的内容与高考考查内容大抵一致，只是教法上与上文提到的教学方法和侧重不同，主要从对知识的分析转向对情境的体验，让学生在特定的情境中学习、思考、鉴赏、感悟，从而在不断的积累中提升语文素养，提高鉴赏能力。在语文能力提高的前提下，进行高考考点答题技巧的点拨和训练才能水到渠成。

二、语文核心素养与古诗词情境教学

（一）教材中的古诗词与情境

普通高中语文课程标准凝练出语文学科核心素养作为语文课程的总体目标，它指导和制约着与语文有关的教学活动。因此，高中古诗词教学的最终目标也是着眼于学生核心素养的整体发展。而新课标同时指出，真实、富有意义的语文实践活动情境是学生语文学科核心素养形成、发展和表现的载体，正如人民教育出版社编审王本华所说的"在以学习任务为核心展开的实践活动中，真实情境应该是它的本质特征，或者说，真实情境是活动展开的主要依凭"①，可以看出新课程改革对情境的重视程度。新课标指导思想对情境的重视同样体现在配套教材的编写上。统编版教材共5册，必修上下2册，选择性必修上中下3册，其中包含2个独立的诗词单元，4个独立的古诗词诵读板块，2首组合在现代文单元的诗歌，共计33首。古诗词贯穿全5册教材，选诗多属名家名篇，文质兼美，具有较高的审美价值和诵读意义。现按照新课标对情境的分类方式（个人体验情境、社会生活情境、学科认知情境），以2个独立的古诗词单元的单元学习任务为例，分析教材中古诗词板块的情境描述。

教材中古诗词板块学习任务的提出均以情境为载体，不同的任务侧重的情境各有不同。第一个任务主要探讨古诗词的文本价值，如必修上册是思考诗作内涵的启示作用，选择性必修下册是探讨古诗词的现实意义，更侧重个人体验情境；第二个任务主要是从鉴赏诗歌的方法角度去设计，更侧重学科认知情境；最后一个任务一般是书面表达，如必修上册是写文学短评，选择性必修下册是写鉴赏文章和编辑诗集，更侧重个人体验情境和真实的社会生活情境。具体而言，如必修上册第三单元的第一个任务，先由学科认知情境出发介绍阅读本单元诗歌可以采用的方法"知人论世"，再从文本情境出发举例说明知人论世对诗歌阅读的意义，接着从个人体验和社会生活情境角度布置任务，启发思考。

总之，在统编版教材的表述中，十分注重让学生的学习发生在各种各样的情境之下，古诗词教学与情境密切相关。

（二）核心素养与古诗词情境教学

学生学习任务的实施有赖于情境的创设，是情境下的学习的体现，从上文的

---

① 王本华. 任务·活动·情境——统编高中语文教材设计的三个支点 [J]. 语文建设, 2019（21）: 4-10.

分析可以得出，教材中所描述的情境分别指向不同的任务目标，不再局限于对诗词本体知识的探讨，而是扩大到对学生各种能力的培养。如必修上册第一单元的3个任务情境，整合了各种知识和能力要求，任务一"查找资料，理解诗歌内涵，思考启发，与同学交流"的情境整合了思考理解、资料搜索、梳理探究、口语表达的能力；任务二"把握文本、制作脚本，收集音频视频资料，举办朗诵会"的情境整合了鉴赏、资料搜索、书面和口头表达能力；任务三的写作情境则整合了诗歌鉴赏、书面表达的能力。而这些能力则是语文核心素养在不同层面的体现，也就是说，在高中的古诗词教学中引入情境是十分必要的，也是新课标的要求。

第二节　高中语文古诗词情境教学现状调研分析

时代的车轮滚滚向前，不同时期不同教育背景下学生的学习愿望和对其培养要求也是不同的，所以古诗词情境教学也应与时俱进。为了解现阶段高中语文古诗词情境教学现状——情境教学法在古诗词教学版块的整体运用情况、目前的情境教学能否满足当代高中生古诗词学习的需求等，笔者以任教学校为例，分别对一线教师和学生进行了关于高中语文古诗词情境教学策略运用情况的访谈和学生古诗词学习情况的问卷调查。

一、高中语文古诗词情境教学策略运用现状

笔者通过对教学经验的反思、听课的观察并且在 2020 年 12 月期间分别对任教学校 13 名一线语文教师进行深入访谈，了解到高中语文教师对古诗词情境教学的认知、态度以及情境策略在课堂上的运用情况。访谈对象包括男教师 3 名，女教师 10 名，其中入职 30 年以上高级教师 2 位，入职 23 年教师 1 位，入职 10 年以上教师 6 位，入职 3 年的新教师 4 位。

（一）情境创设目标短视化

访谈结果表明，有 2 位接受访谈的教师表示不知道情境教学的概念，其余被访者均表示在一定程度上了解或熟悉这一概念。

绝大部分教师都肯定了古诗词情境教学的意义，认为情境教学对学生古诗词的学习有或多或少的帮助。他们对情境教学所能达到的教学效果的认识可以总结为以下 3 点：第一，增加课堂趣味性，引起学生的学习兴趣。第二，加深学生对文本的理解和对诗词情感的体验。第三，调动学生的学习主动性，使其积极参与

到学习活动中。其中，一位教师认为情境教学法更适合小学生，已经无需利用情境去吸引高中生注意力。

由此可见，大部分教师能关注到古诗词情境教学的优势并会在课堂上利用这种优势，但从其对情境所能达成的目标认识上看，大部分教师的认识仍停留在渲染情境的气氛和引起情感共鸣的层面，没能挖掘情境对学生其他语文能力的培养和发展作用的更深层次。整体上看，教师情境教学的目标确立趋于短视化，缺乏基于学生素养发展去创设情境的长远目光。

（二）教学策略运用课内有偏重，课外显忽视

访谈结果表明，在高中语文古诗词教学中，被访教师均使用过情境教学策略，笔者在访谈过程中发现即使 2 位对情境教学概念不了解的教师也使用过情境教学法。被访教师在古诗词课堂上创设情境的途径是较为丰富的，包括利用诵读、音乐、图片、视频、表演等。但由于对情境及其作用的认识不够深入，较多运用情境教学法的环节是导入，以营造奇趣氛围，让学生克服阅读古诗词时的畏难心理。也有教师会在讲解诗句时创设有利于学生参与的情境，让学生在互动中把握诗情。至于课外情境教学策略的运用，大部分教师表示，不会布置情境任务，更多的是要求学生背诵并完成对应的知识训练。在被访教师中，只有 1 位入职不久的教师表示布置过情境任务作业，但只是做了笼统的要求，没有对学生进行具体的指导。

总之，教师对情境教学认识的局限和学生课业压力大等原因，使古诗词情境教学的实施应用呈重课内而轻课外的现象，课堂上也更倾向应用于导入环节，教师缺乏情境创设的全局意识。

（三）教师学生各有制约，情境教学的完全实施有困难

教学是一个完整的系统，系统中的各个部分会相互影响、相互制约。高中语文古诗词情境教学的实施也会面临各个方面的掣肘，主要受教师和学生双方主体因素的共同影响。就访谈的结果来看，古诗词情境教学实施的困难主要来自以下3 个方面：一是有些情境教学活动不管课内还是课外均需耗费较多的时间和精力，学生由于各种原因（最大影响因素是高考的压力）配合度不高；二是师生之间缺乏语境上的默契，导致师生对话受阻，无法达到应有的情境创设的效果；三是有些环节的情境创设对教师能力素养的要求较高，教师通常在无法再现诗词情境时选择转向碎片化的考点知识教学，致使情境教学的偏废。

综上所述，情境教学在古诗词教学中的运用是相当普遍的，许多教师会在有

意或无意中使用情境教学策略，且情境创设的途径方法较为丰富，通常是利用音乐、图片、视频、故事、表演等创设情境。

但此次访谈也暴露出高中语文古诗词情境教学的一些问题，以致情境教学策略难以得到完全的实施，情境教学难以达到理想的效果。第一，教师对情境教学的认识不够通透深入，缺乏进行深度情境教学的意识。第二，在创设情境的过程中，师生兴趣点不一致，导致情境的内容不能调动学生的情感体验或激发学习兴趣，无法达到情境教学的目的。第三，应试大环境的影响和教师个人素养的原因，使教师放弃对古诗词情境教学法的使用。第四，古诗词情境教学策略的实施更多地局限于课内，对广阔的课堂之外少有延展。同时，访谈结果也表明，古诗词的知识教学如果不能转化为学生的能力素养，单纯知识点的讲授和方法的训练对成绩提高的作用不大。

总之，高中语文古诗词情境教学在实际课堂操作实施上虽有许多有益经验可供借鉴，但仍有进一步探索研究的空间。

二、高中生古诗词学习情况调研结果

为了解新时期高中生古诗词的学习情况，笔者对任教学校的学生进行了问卷调查。本次调查选择了高一、高二和高三的 2 个班（其中高二、高三的 2 个班均为一文一理）进行，共计发放问卷 324 份，回收有效问卷 324 份。问卷设置 12 道选择题，内容主要涉及以下 3 个方面。

（一）态度与认识方面：重个人素养的提高，有文化传承的意识

对该方面的调查，问卷主要设置 2 个问题：一是对相较喜欢的教学板块的调查；二是对古诗词学习态度的调查。

超一半的学生更喜欢小说阅读板块的学习，10.8% 的学生选择了古诗词，虽占比不多，但在各板块中排第三位。从调查结果来看，学生更倾向于能看懂且情节丰富、情感饱满的文体阅读，而对于科学性、严谨性较强也相对枯燥或有字面阅读障碍的文体学习接受程度低，如论述文、传记和文言文。但相较而言，学生对文言文、作文教学的接受度甚至比对新闻、论述文传记等的接受度高。可以看出，在语文学习中，学生最难以接受的还是无趣和枯燥，这对古诗词教学乃至整个语文教学都有一定的启示作用。

69.14% 的学生学习古诗词是为涵养学识、提升素养，也有超半数的学生是为传承优秀传统文化，而为了高考提高分数的占 47.53%，不到一半。这与教师

对学生学习古诗词的态度认识略有不同（访谈结果显示，多数教师认为大多数学生在古诗词课堂上表现出对考点极大的关注，学习古诗词更多的是为了提高分数），多数学生非功利性的学习为古诗词的深度情境教学提供了更大的可能性。

（二）学习能力方面：学不能致用，古诗词鉴赏能力整体偏低

1. 诗词基础薄弱

结合课本注释能够大致了解诗词内容的学生仅占 5.86%，32.1% 的学生表示基本可以了解诗词内容，而有 58.64% 的学生表示只能了解少数诗词的内容，基本不可以了解的占 7.1%；而与之相对应的是超半数的学生在诗词自主学习中遇到的最大障碍是无法理解诗词字面大意。综合这两项调查结果可以发现，学生的古诗词基础知识积累不够，在诗词鉴赏的第一步便遭遇挫折。

2. 对诗词鉴赏的认识有限

在诗词鉴赏深度的认识上，79.32% 的学生认为能理解诗词表达的情感和主旨就算读懂了一首诗（词），而有 55.25% 的学生觉得弄清诗词语义就算读懂了一首诗（词），同样有 55.25% 的学生认为读懂诗词应达到对意境的心领神会。相对来说，认为读懂诗词就是掌握考点和能够鉴赏语言之妙的学生比例较少，各占 49.38% 和 48.46%。调查结果显示，大多数学生认为诗词阅读的终点是对其情感和主旨的把握。而实际上对诗词情感和主旨的把握是重点而非终点，学生对古诗词鉴赏认识的局限意味着教师在课堂上有必要对学生进行引导，将学生对古诗词的学习引向更深处。

3. 知识迁移能力弱

在古诗词知识迁移方面，69.75% 的学生表示无法运用课堂上学到的知识独立鉴赏一首古诗词，这一结果表明，课堂上的知识教学很大程度上无法转化成学生的诗词能力素养，这与教师访谈的结果一致。

对以上 3 个问题的分析综合，可以得出结论：部分学生在了解诗词大意阶段便存在较大的困难，学不能致用，诗词学习能力整体偏低。

（三）授课方式和内容接受方面：生活化、形象化的方式和内容更受欢迎

对于学生授课方式和内容接受程度的调查，主要涉及 3 个方面的内容：一是对注意力和授课方式接受度的调查；二是对授课内容接受度的调查；三是对课外

作业接受度的调查。3 个方面的调查结果展示、分析如下。

1. 注意力难集中，联系生活、图文视频结合的授课方式更易吸引学生注意力

五成以上的学生容易在课堂上走神，能时刻保持注意力集中的学生占 16.36%，不到三成的学生表示偶有走神，有 2.47% 的学生则完全无法集中注意力，这表明在古诗词课堂教学中，做到让学生时刻保持注意力集中是相当困难的；从学生对知识讲授方式接受度的调查结果可以发现，学生对联系生活和结合图片视频等的讲授更感兴趣，对结合文字或演示表演的授课方式接受程度次之，而纯知识性话题的讲授较难引起学生注意力，所以教师在古诗词教学中适当地"投其所好"或许能收到更好的课堂效果。

2. 学生对有情有趣的相关诗词内容接受度更高

在课堂上教师讲授的相关内容中，作者生平介绍和诗词情感分析最能引起学生的兴趣，分别占比 70.37% 和 62.96%，对诗词教学中另外一个非常重要的内容——意象感兴趣的学生不到一半，而诗词作为语言的艺术，对其语言之美的品鉴也是教学的重要环节，而对"炼字炼句"部分内容感兴趣的学生仅占 22.48%，占比最低。对于学生最感兴趣的作者生平介绍，最能让学生记住的是人物趣事，占比高达 81.17%，其次是人物的性格特征，占比 53.40%。这就表明学生对有情有趣、生活化的知识接受度更高。

3. 多数学生认为相关诗词作业的完成有助于对诗词的学习

调查结果显示，教师布置的作业通常为背诵诗词和完成相关练习，写作和探究任务较少。但无论如何，学生对诗词作业的态度更趋于积极，大多数学生认为完成相关作业对其诗词阅读能力或分数的提高有一定作用。学生对待作业的态度是有利于将诗词教学向课外延伸的。

总之，课堂上学生的学习状态整体不够理想，部分学生难以保持注意力集中；能够联系生活、综合运用多种教学手段的授课方式更受学生欢迎；对饱含情感的、有趣的、生活化的知识内容接受度更高；不排斥课后作业，对课后作业的态度较端正。学生古诗词学习的种种情况表明，目前的古诗词教学质量仍有待进一步提高。

从整体上看，学生对古诗词学习的认识并不会局限于高考，而是更具个人素质涵养提高的意识和文化传承的责任感。但就学习的效果而言，学生对诗词学习

的这种较高层次的需求并不能很好地为其诗词学习助力，相关的知识没能转化为能力素养，部分学生不能做到举一反三。学生对教学方式和知识内容的接受有一定的倾向性，能够联系生活的授课方式和生活化的知识内容更能够引起学生的学习兴趣，且更容易让学生记住。

总之，学生在古诗词学习方面困难较多，效果不理想。在古诗词教学中，只有帮助学生克服学习上的困难，使知识的积累转变成一种学习的能力，才能达到教和学的预期。

三、高中语文古诗词情境教学存在的问题

通过以上对教师情境教学策略运用现状和学生古诗词学习情况的调查分析，可以发现一些本可以通过情境教学解决却没能解决的教学问题。笔者综合以上调查结果进行分析整理，将高中语文古诗词情境教学存在的问题总结为以下3点。

（一）当前古诗词情境教学的目标层次不能满足学生的学习需要

学生问卷的调查分析显示，大多数学生对古诗词学习的认识已经超越了应付考试的需要，他们更多地关注自身素养和能力的发展以及对优秀传统文化的传承；而教师在古诗词情境教学上，主要还是停留在激趣导入和对诗词情感的体会上，未能通过情境教学帮助学生形成相应的诗词阅读策略、提升审美能力，自然也就无法满足学生学习古诗词的目的需求。

（二）古诗词情境教学策略的运用趋于僵化

部分教师能够综合运用多种策略创设教学情境，但未能对教学策略进行优化考虑，导致情境教学的形式重于内容。如联系生活创设话题情境时，未能站在学生角度联系学生的生活考虑情境的内容，而导致师生交流受挫，无法引起学生兴趣；未能综合学生个性对情境创设的方法进行取舍衡量等。

（三）教师缺乏实施情境教学的意识和能力

情境教学是古诗词教学乃至整个语文教学中应用相当普遍的教学方法，教师于有意无意间都会使用情境教学的策略。但由于教师缺乏情境教学的意识和素养，诗词的教学情境少了整体意蕴上的统筹和基于情境的深度教学，学生在情境中的古诗词学习不管是短期的能力目标还是长期的核心素养目标的达成都存在一定的难度。

第三节　核心素养视域下的高中语文古诗词情境教学策略运用

一、高中语文古诗词情境教学目标与内容层次

（一）确立高中语文古诗词情境教学目标

确立正确的古诗词情境教学目标是有效创设情境的前提，也是教师在古诗词教学中实施情境教学的第一步，所以，确立古诗词情境教学的目标至关重要。新课标凝练出语文学科核心素养作为语文课程的总体目标，主要包括"语言建构与运用""思维发展与提高""审美鉴赏与创造""文化传承与理解"四个方面，它指导和制约着全部与语文有关的教学活动。也就是说，高中语文古诗词情境教学的最终目标也是着眼于学生语文核心素养的整体发展。所以，语文核心素养的四个维度恰好作为新课标明确规定的语文课程标准要求，为高中语文古诗词情境教学目标提供了明确的方向。

因此，本书的高中语文古诗词情境教学目标是结合古诗词的特点，以语文核心素养为圭臬制定的。下面从核心素养"语言、思维、审美、文化"四个维度阐述高中语文古诗词情境教学的目标。

1.激活语言表达，培养语感

毋庸置疑，古诗词是纯粹的语言艺术，是经过萃取提炼的语言表达的精华，辞少意多，韵味无穷，是极为优秀的语言学习材料。所以，古诗词的情境教学应基于古诗词本身的语言材料，在对语言美有直觉的感受的基础上激活学生的语言表达，并在不断的诵读和积累中积极内化，培养语感。

通过情境激活语言表达有两层含义：一是指学生在情境的催动下初读文本时，完成对诗词呈现的表层含义进行提取、标记、回忆、辨识、陈述、呈现等学习活动，具体到诗词学习活动中表现为对文言字词的疏通、对重点词汇的品读、对诗词语言的赏读，而在这一过程中学生必须调动原有的语言表达方面的知识储备，是对内部语言的激活也是对语言的建构；二是指学生在实践活动中语言的表达，将第一阶段习得的语言规律融入自己的个人言语经验，达到能够更精准地表达心中所想，形成优质的汉语语感，在语言建构的基础上完成对语言的运用。

2.优化学生思考方式，发展形象思维、逻辑思维

高中语文古诗词的情境教学要能引导学生主动地思考，关注学生思考的过程，优化学生的思考方式，让他们在最好的状态下，最大限度地发挥自己的思维能力。

发展形象思维，是要求学生能够在情境中获得对诗词语言和诗词形象的直觉体验，启发学生在进行语文活动的过程中积极运用联想和想象，丰富自己对诗词形象和现实生活的感受和理解；发展逻辑思维，是指学生能够分析、比较、归纳、概括诗词的有关语言现象和文学现象，比如对诗词表现手法的归纳、对同一类诗词的主题的概括、对经典诗人思维风格的总结等；运用批判性思维审视诗词作品，探究和发现语言现象和文学现象，产生新的思考，形成自己对诗词文本的新认识。

3.激发情感共鸣，增进审美体验，促进对美的表达与创新

古诗词中蕴含着丰富的审美因素，那是经过诗人剔除和加工的美的世界与境界。古诗词情境教学应能够创设一种共鸣情境，让学生在此境中"入情—动情—移情"，步步深入，慢慢达到对诗词审美的最高境界，从而增进学生对诗词语言、情感和精神等的美感体验，从审美的角度去观照、评价和欣赏诗词作品，增强对优美的古诗词的热爱之情。

同时，教师应鼓励学生通过实践进行对审美体验的检验，运用祖国语言文字去表达自己的情感，通过古诗词的熏染去创造美好的形象；在表达或写作时能够讲究文字表达的效果和美感，有美的表达与创新的自觉性。

4.连接古今，提高文化自信与认同

古诗词是中华优秀传统文化的一部分，也是中国宝贵的文化遗产。古诗词情境教学要能在还原诗词历史原貌的同时引入现当代的生活，赋予诗词以现实意义，启发学生站在今天的高度看待、分辨传统文化，从而增进对古诗词传达的精神文化的理解，体会中华文化的博大精深和源远流长，坚定文化自信，提高文化传承的自觉性。

必须明确和注意的一点是，以上的古诗词情境教学目标的四个方面不是分别落实和实现的，它们是在学生的诗词学习活动中共同实现的。

（二）梳理高中语文古诗词教学情境创设的层次

高中语文古诗词情境教学目标的四个维度决定了对教学情境的不同需求。在语言的建构与运用方面，既要有引起表达欲望的氛围，又要对诗词文本情境进行加工，还需要有供语言表达运用的实践环境；形象思维和逻辑思维的发展有赖于

对诗词中语言和形象的直觉体验以及对诗词文本语言现象和文学现象的归纳和概括、探究和发现，更侧重于对诗词文本情境的需求；在审美鉴赏方面，是学生与诗人诗情的情感共鸣以及美的表达与创造，达到这一目标同样需要文本情境和实践情境的加持；同样，在文化传承方面，也是在感悟和运用中不断增强对文化的理解和自信。所以，核心素养下对高中语文古诗词的教学情境内容的要求会因教学目标和教学环节而异。综合以上分析，笔者将高中语文古诗词情境创设的内容层次分为三种：一是创设激趣情境，以激起学生学习的兴趣和动机；二是还原逼真的诗词情境，让学生在情境中完成对诗词各个方面包括语言、形象、精神内涵等的品读鉴赏；三是营造真实的学习环境，供学生将习得的方法、知识外化表现出来，形成个人真正的素养和能力。

1. 创设激趣情境，激发学习兴趣和动机

激趣情境是在学生进行学习活动之前，教师创设的能够激发学生学习兴趣、学习动机等热烈情绪的氛围情境。古诗词因为言简意丰，言浅情深，加之古今语境的不同，造成学生理解、学习上的困难以及产生畏难情绪，而激趣情境所调动起来的积极的心理倾向可以消除学生学习古诗词前的部分消极情绪。所以，激趣情境主要是以情感为价值取向。教师通过创设情境，渲染气氛，使学生形成一种好学乐学的心理场，以引起学生积极的愉悦的阅读准备。这是古诗词教学中最常被考虑到的情境创设的目标层次。

但教师要避免创境激趣落入形式主义的窠臼，利用情境所引起的学生的兴趣必须是与所学内容紧密关联的，落实一定的教学目标，而不仅仅是让学生觉得好玩，引起与所学内容无关的热烈情绪。且看某教师的《观猎》公开课教学片段：

执教教师在必要的开场白后，点开了视频——科比进球十大精彩瞬间。激动人心的音乐让人热血沸腾，这一段视频引起了部分男生的欢呼叫好，课堂上出现了一阵小骚动。之后教师由科比是球场英雄导入新课主人公战场英雄——将军，从而让学生读诗，进入对诗词的学习。

这样的激趣导入很准确地抓住了学生的兴趣点和兴奋点，也确实能燃起学生的激烈情绪，但是视频本身的"趣"有了，学生也喜欢看，却无法将学生的注意力转移到诗词上，无法"兴"学生学习诗词的动力，这在课堂效果上的直接体现是，有几个男生在看完视频后情不能自已地窃窃私语。再看一个教学片段，同样是导入：

教师在学生读《琵琶行》之前，先是利用多媒体视频创设了一个直观的音乐情境，截取《经典永流传》节目中当红偶像演唱《琵琶行》的片段，并提出问题："我们只讨论演唱歌曲时的情绪流露，你觉得唱得好不好？你认为有没有传达出诗歌的情感？说明理由。"听完歌曲后，学生自行诵读课文，教师点拨，找出蕴含作者情感的诗句，可以是隐于景的，也可以是显于心的。最后由学生完成了对《琵琶行》这首诗词整体情感基调、情绪氛围的鉴赏。

两种激趣情境的导入的不同在于有没有将情境作为学生学习任务开展实施的原点，有没有将情境与学习内容巧妙地结合在一起，能不能将激起学生真实的学习动机作为落脚点。

所以，创设激趣情境要考虑具体实在的教学目标的落实，而不是将其作为一个只图欢乐的环节。调动学生的情绪必须有教学内容作为依托，将情境作为教学的开始，把激趣落到实处，能在境中"兴"学生对诗词好学乐学之趣，才算是情境激趣目的的真正达成。

2.还原诗词情境，增进理解，引发共鸣

诗词情境就是诗词文本呈现出来的情境，是诗词中各种形象有机关联而形成的动人场景。一首诗就是一个整体的情境，写景的诗，景象就是情境；写人的诗，形象就是情境；状物的诗，物象就是情境；抒情的诗，情脉就是情境；记事的诗，事件就是情境……因此，古诗词的情境创设要考虑的第二个层次便是将诗词情境即文本情境还原出来，呈现在学生面前，让学生在不断探究诗境的过程中，理解诗意，触发学生的情感共鸣。本书论述的还原诗词情境不是简单地将诗词中的人物、事物、景物等进行呈现和罗列，而是教师根据学生的特点，对诗境进行解码、重组，以学生能够理解、感动的形态呈现在学生面前。只有这样，才能够引起学生的共鸣。

阅读中的共鸣是指鉴赏主客体在情感上的同频共振，诗词赏读中的共鸣是指学生对诗词中的艺术形象或作者本身产生一种感同身受的理解和默契，最终达到物我同一、物我两忘之境界的情形。文学创作是由内而外的，是情感积聚到一定程度，喷涌而出形成的文字流露。具体到诗词创作，白居易也有相似的观点，他认为，"诗者，根情，苗言，华声，实义"，情是诗词的根，语言的枝叶、声律的花朵、义理的果实在此根基上生长繁茂。所以，就古诗词情境教学而言，让学生对诗情产生共鸣是诗词鉴赏的一个重要的、必不可少的审美过程，也是诗词鉴赏的一个高潮。但由于字词的障碍、时空的远隔、境遇的差异、境界的不同等，学生对诗词内容无法或难以产生共鸣，所以，情境的创设要能够拉近学生与诗词的距离，让学生如临其境，如闻其声，如见其人，在他们的经验范围内读懂诗中的形象、理解作者的观点、感悟作者的真情，在情境中认知、理解情感。

如特级教师韩军执教《登高》片段：

师：（语调低沉，语速缓慢，满怀感情）1200 多年前，一个秋天，九月初九重阳节前后。夔州，长江边。大风凛冽地吹，吹得江边万木凋零。树叶在天空中飘飘洒洒。漫山遍地满是衰败、枯黄的树叶。江水滚滚翻腾，急剧地向前冲击。凄冷的风中，有几只孤鸟在盘旋。远处还不时传来几声猿的哀鸣。——这时，一位老人朝山上走来。他衣衫褴褛，老眼浑浊，蓬头垢面。老人步履蹒跚，跌跌撞撞。他已经满身疾病，有肺病、疟疾、风痹。而且已经"右臂偏枯耳半聋"。重阳节，是登高祈求长寿的节日。可是，这位老人，一生坎坷，穷愁潦倒，似乎已经走到了生命的冬季。而且，此时，国家正处在战乱之中，他远离家乡，孤独地一个人在外漂泊。

面对万里江天，面对孤独的飞鸟，面对衰败的枯树，老人百感千愁涌上心头……（放音乐《二泉映月》）

教师在乐声中满怀深情地朗诵《登高》一诗，课堂中气氛凝重，有些学生流下泪来。

韩军将诗词的写作背景与诗词的内容融合在一起，将时光退回到1200多年前，再现了一幅杜甫长江悲吟图。秋天、长江、大风、枯木、落叶、孤鸟、猿啼、战火、老病颓唐的诗人，这些丰富的形象在韩军的讲述之下如在眼前，凝重的课堂气氛和眼泪意味着学生都走进了教师所营造的情境之中，在情境中见诗人之所见，闻诗人之所闻，感诗人之所感，忧诗人之所忧，这就是一种情感的共鸣。每一首诗词都拥有其独一的兴发感动的力量，这种力量会自然弥散成一种特有的情感磁场，学生在赏读诗词的过程中，只有进入这种情感磁场中，并处于同一频率才能共振共鸣。

总之，情境在古诗词教学中的第二层次是要能让学生感知诗词形象，将兴发作者感动的自然景象或者人间世象还原出来，调节学生的情绪，激发调动学生的情感活动，使之融入诗词，使之感动，使之忘我。

3. 营造真实的学习情境，促使知识迁移，提升核心素养

真实的学习情境是指学生在进行知识学习活动时所面临的真实而复杂的情境，可以看出，这一情境与前两种情境层次不同，前两者更多源自教师预设，是以教师为主导的情境，而后者更多源自学生语文学习活动过程中的不断生成，是

以学生为主导的情境，是学生与情境的真正互动，学生在这一情境中主体性最强。新课标非常重视让学生的学习发生在真实的情境中，正如新课标中对语文学科核心素养所做的具体说明：核心素养是学生在真实的语言运用情境中表现出来的语言能力及品质。所以，在高中的古诗词教学中，营造真实的学习情境，直接指向学生核心素养的形成。笔者对"真实情境"的看法更倾向于普通高中语文课标修订组负责人王宁教授的见解，即"从所思所想出发，以能思能想启迪，向应思应想前进"。也就是说，这个情境可以是学生当下正体验的客观情境，也可以是学生在今后的学习生活中可能会遇到的情境，抑或是与个人生活密切相关的情境，总之是能够引起学生联想、启发学生思考，从而获得方法，丰富语言运用经验的情境。具体到高中的古诗词教学中，营造真实的学习情境，就是为了对相关诗词知识的迁移运用，使学生在真实情境的表达运用过程中，逐渐形成语文核心素养。

所以，本书所论述的营造真实的学习情境是指教师创造性地创设能够引起学生联想、启发学生思考、符合学生最近发展区的真实学习情境，将学生所学习的内容、学习方式与自我成长、社会发展紧密地联系起来，让知识的迁移运用在学生原有的经验上、在与外界的交互中发生，让学生将于古诗词学习中习得的知识、能力等融入个人生活和个体生命，从而形成语文学科核心素养。

因此，教师在高中语文古诗词情境教学中营造真实的学习情境时还须考虑，在真实的学习情境中，迁移的"知识"主要指哪些？首先，是诗词的本体知识，如诗体、字词、结构、韵律、意象意境、表现手法等；其次，是相关的方法知识，如诗词阅读、意象解读、词句赏析等；最后，是更高级的能力素养知识，如自主研读能力、审美鉴赏能力等。在诗词教学中，教师只有对学生应掌握的知识技能、应培养的能力素养了然于心，并将其融注到情境中，才是针对古诗词教学而言的有效的真实学习情境的创设。

总之，教师应营造真实的学习情境，促使学生在更加综合化、需求更复杂的真实情境中进行相关古诗词知识的积极有效的迁移运用，能够在表达和运用中不断提升语文核心素养。

综上所述，从创设情境激发学生古诗词学习动机、营造古诗词学习氛围，到在情境中完成对诗词内容的鉴赏品读，再到营造真实的学习情境促使知识的迁移运用，形成核心素养，这三个层级联系紧密，互为一体。在新的改革背景下，核心素养要求下的高中语文古诗词情境教学正不断向着学生的综合能力和核心素养深化。所以，进行古诗词的教学时，教师更应该树立情境意识，以全局的眼光，由低层次到高层次、由浅至深、由局部到整体，针对不同的教学内容设立不同层次的情境教学目标，在有效的情境创设中，发展学生的语文核心素养。

二、高中语文古诗词情境教学策略探究

基于前文确立的高中语文古诗词情境教学目标和梳理出来的高中语文古诗词情境创设的三个层次，且综合考虑高考背景下古诗词情境教学策略运用现状，本部分主要就如何发挥这三个情境层次的最大效果、实现教学目标进行策略实施的探讨。

（一）利用诗词本身的音乐性，渲染诗境，培养语感

原始社会时期，"诗乐舞"三位一体，三者同源而生。春秋时期，诗与乐舞逐渐分离，成为独立的艺术体式。但这并不意味着诗词与音乐彻底分道扬镳。从《诗经》到汉魏六朝的乐府，大多数诗词是可以和乐而歌的，发展到唐宋，出现了依据曲谱创作的歌词。所以，音乐可以看成诗词文字的另一种表现形式，文字的声音同样可以激荡读者的心灵，因此，在古诗词教学中借助音乐渲染情境是较为理想的手段。

但以往创设音乐情境的最常见手段是利用现有的音乐资源选择在合适的时机播放或演绎，教师视音乐情境创设的目标将音乐运用于课堂特定环节，乐曲既可导入，也可作为诗词的配乐，还可当背景运用于一整节课或某一段落。如在学习《琵琶行》之前播放当红偶像演唱的同名歌曲以引起学生的学习兴趣。

以上是求诸诗词之外的音乐情境的创设，也是以往古诗词情境中教师创设音乐情境的传统方法。这虽是一个行之有效的创设情境的方式，但也在一定程度上忽视了诗词本身自带的音乐属性。由于诗词本身具有音乐性，诗词在声律上便自然形成其独有的音乐情境。因此，音乐情境的创设还可以求诸诗词本身——我们可以通过吟唱、诵读创设富于节奏和情感的音乐情境。这里所说的音乐不同于上文提到的具备节奏、旋律、和声、结构等要素的音乐，而是诗词内在的节奏、韵律、声调的音乐性。此时的音乐情境的创设是要通过诵读去感知诗词中的形象或情意姿态，并且在诵读的积累中，感受诗词的音乐美，培养语感。

现代汉语与古代汉语在语音上是有区别的，在课堂教学上，诵读通常指用普通话去朗读。汉语诗文音分四声，律有平仄，平声舒缓悠长，仄声短促急收。而诗词声律的变化往往关系着情感的表达和情绪的起伏。所以，在教学声韵与情感关联较强的诗词时，教师应有意识地指导学生在声韵的高低起伏、长短错落中体会作者的情感。

　　如学习杜甫的诗词时，教师宜创设能够由声音直达情感的声律情境。杜诗的整体风格为"沉郁顿挫"，"沉郁"是就诗词的情感而言，指情感的深厚、浓郁、忧愤。"顿挫"是就诗词的韵律而言的，是指语势的停顿转折。这就意味着杜甫诗词中情感与音韵的高度契合。以《登高》一诗的声律情境创设为例，这首诗四联八句的韵脚分别为"哀、回、下、来、客、台、鬓、杯"，除首联上句的"哀"为平声韵外，其余三联上句的"下""客""鬓"均为仄声韵，这种由仄到平的变化中暗示着作者激越忧愤的情感的克制与回收，也就是顿挫。如"艰难苦恨繁霜鬓"一句，经由前文的渲染，诗人的愁苦郁闷层层叠加，到这一句已臻于极点，犹待喷涌发泄，借酒消愁，一醉方休！但却"潦倒新停浊酒杯"，激越的情感猛然间受挫抑制，在声韵上表现为平声的缓缓输出，像是叹了一声长长的"唉——"。教师在指导朗读时应提示这种声调语势的变化与情感的关系，让学生将作者情感的变化尽量用声音的形式展现出来，在声音律动的情境中走进诗人的内心世界。如此一来，在诵读声的渲染中，学生不知不觉就有了情感的代入，成为作者，那么自然而然，就能够感觉到"情真"。

　　诗词音乐情境的渲染不仅可以帮助学生体会情感，还有助于使学生理解诗词形象。如《琵琶行》中白居易对琵琶声出神入化的描绘，俨然是将琵琶的音质音符化成了文字。傅雷就曾在《傅雷家书》中说诗词的用词、声韵"像琵琶的声音急切"。教师在指导学生诵读《琵琶行》中描写音乐的段落时，可在播放一段与诗文描写节奏相似的琵琶曲（如《十面埋伏》）后，让学生自读诵读。如读"轻拢慢捻抹复挑，初为霓裳后六幺。大弦嘈嘈如急雨，小弦切切如私语。嘈嘈切切错杂弹，大珠小珠落玉盘"时，应让学生根据诗词的内容读出轻重缓急。前两句慢些，后四句越来越快，读"急雨"时声调重且急，读"私语"时语调轻且缓，引导学生在自己诵读的声音中想象感受琵琶语之变化、琵琶女急弦快拨之情状、随着乐声起伏不定的情绪，去体会琵琶声之悦耳及作者笔法之高妙。如此一来，诵读声就犹如琵琶的珠玉之声，学生自然在读的过程中感觉到"形真"。

　　总之，利用诗词本身的音乐性渲染诗境的重点在于对学生诵读的指导，综合运用诗词之外以及诗词本身的音乐元素，让学生在音乐情境中感受诗词的音韵之美。同时，诵读时音乐情境的创设要将声韵和情绪感情融为一体，"设身处地，激昂处还他个激昂，委婉处还他个委婉"[①]，让学生在诵读中调动眼耳口等感官，在声音中由大脑构筑与诗词相关的情境，在声音中感受诗真，培养对诗词语言的敏感性，从而在潜移默化中形成优质的母语语感。同时，教师也要引导学生树立

---

① 叶圣陶.叶圣陶语文教育论集[M].北京：教育科学出版社，1980.

诵读情境的营造意识，培养学生诵读情境的营造能力，这样对学生无论在"兴味方面"还是在"受用方面"都会有莫大的帮助。

（二）巧用直观材料，重现文本情境，增强形象思维

认知心理学的双重编码理论认为，人类大脑是在两个层面对获取的信息进行编码：一个是语义系统，即处理语言文字的系统；一个是表象系统，即处理直观、形象材料或能够引起直觉反应的系统，两者协同共进完成对信息的加工。同时，该理论揭示出一条重要规律：大脑更擅长处理形象化的材料。这给我们的启示是：教学时，应让学生的大脑从表象系统开始工作，在教师的逐步引导下逐步建立语义系统。

中国古诗词本身具有形象性的特点，充满诗情画意，苏轼就曾称赞王维的诗"诗中有画"。事实上，不仅仅是王维的诗，许多优秀的诗词作品，都充满"诗中有画"的意趣。这就意味着教师在教学古诗词时应重视这一特点，综合运用多种方式化抽象文本为具象情境，将凝练的文字铺展成一幅幅优美动人的画面，使学生在画中徜徉神思，领悟情意。教学可以是一种艺术，正如古人作画，在画上题诗，所提之诗要与画的内容相互印证，做到情景交融，出神入化，以致诗画相成，诗情画意融为一体。教学亦如此，教师应善于创设直观的情境呈现诗词真境，尽美尽真地将诗词中的画面形象还原出来，配合学生思维的规律，从而开拓出古诗词教学更广远的意境、催生出更丰富的情趣。

1. 视觉直观情境的创设

视觉直观情境的创设是指利用实物、图片、视频、图表、动画等直观教学材料对知识进行视觉化的表达。古诗词教学的视觉情境创设是在教学过程中适当地利用或引入直观教学材料重现形象或展现情境，以引起学生兴趣，帮助学生理解。

中国古诗词宛如浩瀚的长卷，星辰日月，山川草木，风霜雨雪，气象万千！或者说诗词中隐藏着整个自然。由于种种限制，我们不可能学习每一首诗词都随着诗人的脚步亲临作者所历之境去感受其胸中之情。但随着多媒体技术在教学中的普遍应用，我们更可能做到让学生"如临其境"。虽然学生不能亲眼看见杭州"三秋桂子，十里荷花"震撼人心的美，但学生可以通过图片、视频领略杭州、西湖的风采，从而体会词人的绘景笔力之鬼斧神工；虽然学生不能到达赤壁之下，体验"惊涛拍岸，卷起千堆雪"的壮观，但学生可以通过视频去感受江涛的澎湃，从中赏读"惊""拍""卷""千堆雪"等词的生动形象和词人用词之精准。

不过，利用直观视觉材料呈现诗词画面，绝不仅仅是材料的展示，更需要教

师指点和启发，做到语义和形象材料有机结合，引导学生认识的正确方向，增强形象思维，从而使学生充分感受诗词中的形象，进入诗词情境。

2. 语言直观情境的创设

对于无法利用视觉直观展现情境或一时间找不到相宜的直观材料创设情境的诗词，教师可调用语言的声调、节奏、情感等多种因素描绘情境。借助言语直观重现诗境是语文古诗词课堂最常用的方式。

利用语言重现诗境时，首先要求教师的语言有感染力。语言和文字有时很轻，有时却很重，它往往能够冲破迷雾烟瘴，直达心灵。但是，要能够感染别人，必先要感动自己。这就要求教师对文本有自己的深入理解，了解作者的生平境况，摸清作者写作的心路历程，读懂文字背后的情感，挖掘文本的精神气象，披文以入情。只有在阅读时倾注了自己的情感，语言的表达才会有情绪和表现力。

其次，在创设语言情境时，教师应注意语言的直观，即语言的形象性，形象的语言更容易引起学生的联想和想象，启发学生。相较之下，叙事性的语言更具形象性。简单地讲，叙事就是讲故事，讲那些真实的，虚构的；人的，动物的；时间的，空间的；已经发生或正在发生的事。叙事是人类理解和讲述世界的方式，是人类最原始的表达方式，是生活的语言。所以，它是形象的、有吸引力的，是让人容易理解和接受的。但是，课堂上的叙事性语言不同于生活中的语言，教师创设情境时的语言还要经过提炼和创造，它必须是精练生动的，并且倾注了教师个人情感的。韩军在《登高》一课中的导入就是成功的语言直观情境创设，他的叙事性语言兼具了感染力和生动性，在他动情的讲述之下，学生自然而然地走进诗中的情境中，走进文本中。

3. 直观情境创设的时机

直观情境在古诗词教学实践中的应用颇多且用途甚广，但它不是万能的，也并非诗词中的情境都须进行直观的展示。高中生已经积累了一定的生活和诗词学习的经验，所以教师要结合学生已有的经验和教学目标确定直观情境的使用与否。否则，会造成情境的滥用，起不到应有效果且不利于学生想象力和抽象思维能力的发展。直观情境只有在适当的时机，对于适宜的内容，面对一定对象，才能发挥最大的效用。总的来说，直观情境创设的时机主要有以下两种。

（1）学生体验受限时

由于时代的变迁，古代许多人文风物与现在有很大的差别，以至于学生很难切身感知和体会诗词中作者描绘的情境和表达的情感，此时就需要教师提供直观的教学材料，创设直观教学情境，让学生进行跨越时空的体验。

李白的《蜀道难》中，"蜀道之难，难于上青天"是诗词反复咏叹的主旋律，李白借夸张、典故、渲染、烘托等多种浪漫主义的手法去描绘和渲染"蜀道之难"，所以，让学生深切体会蜀道之难是学习的重点。可毕竟由于所处时代和生活经验不同，飞机、火箭、卫星的出现，使"上青天"不再成为一个无法实现的难题，交通工具的发达，也使天堑变成通途，所以，学生虽然能够看懂诗意，知道"攀越蜀道，真比登天还难"，但却无法真切感受那种高山横阻在前却无从攀缘的愁闷和绝望，也无法从心感受行人攀登蜀道之时的艰险和惶恐，以至于无法领悟李白笔下蜀道的奇丽惊险和不可凌越的磅礴气势。所以，在学生体验受限之时，教师可以及时利用直观教学材料呈现诗境，一定程度上还原古蜀道形象，如出示古栈道的图片：高耸的绝壁上悬空挂着简陋的木桥通道，那叫一个险绝！让学生想象在此石栈上行进的情形，并在此情境中解读诗词，蜀道之难之危困才能如在眼前。

（2）学生感悟受阻时

优秀的诗词中蕴含着丰富的思想和人生智慧，而学生的生活经验和人生阅历有限，往往不能理解作品的深刻思想，不能领悟其中的真谛，这个时候，教师应不失时机地进行引导，可以通过直观材料加强情境的渲染，让学生在情境中理解文本，理解思想情感，理解诗人的精神境界。

《辛夷坞》是王维田园五绝组诗《辋川集》中的一首，也是王维禅诗的代表作，他以一颗宁静超然的禅心观照辛夷花的开败，描绘了山涧中辛夷花自开自落的精美图景，学习这首诗的重难点就是体味诗词禅意，深入理解王维的精神境界。花开花落是学生常见的景象，学生可以轻易地通过文字去想象"木末芙蓉花，山中发红萼。涧户寂无人，纷纷开且落"的画面。要学生理解诗意并不难，但要让学生经由文字直达作者的心灵却有一定的难度。这个难度一定程度上在于学生头脑中形成的情境强度不够，无法达到感知的效果。此时教师应着重强调并呈现出诗词中辛夷花的形象——花开的形象和花落的形象，也就是辛夷花开落的情境，此情境中辛夷花独处寂静无人之涧户，春天来临时，它"发"，在树枝的末端长出小小的红色的蓓蕾，并不盛大欣喜；随着春光的消逝，它"落"，辛夷花瓣就离开枝头，纷纷扬扬，并无苦楚挣扎。将此情境用视觉直观或语言直观的方式呈现出来后，学生就能进一步感知到辛夷花这种顺应自然本真，有自开自落之淡然的形象特点。在弄懂了辛夷花的禅意形象后，再引入"黛玉葬花"的文学形象与诗人形象作对比，诗人的超然、平和、忘我忘情的精神境界理解起来也就不难了。

（三）注入当代生活因子，活化诗词情境，构筑文化桥梁

时空的远隔在一定程度上也造成学生与诗词情境的远隔，时代语境的差异和生活经验的不同使得学生对诗词中的情境如人物的思想行为动机等难有真切的理解和感受。因此教师在还原诗词情境时，应考虑情境的活化，拉近诗词情境与学生的距离。探讨的活化诗词情境是指教师有意识地弱化古今语境的差异，构筑古今文化桥梁，让诗词情境在现代生活的土壤上"活过来"，逼真地呈现在学生面前，而不是僵化、沉睡在历史的尘埃里。而活化诗词情境的关键在于揭示和建构情境的意义。

脑科学研究认为大脑有四大属性，分别是生理的脑、认知的脑、情绪的脑和社会的脑。其中认知的脑主要是脑的学习属性。认知的脑天生就是意义建构者，对于有意义和无意义的信息与情景，它的反应是截然不同的，有意义的信息更容易为大脑所接受，也就更易于学生的学习理解。所以，教师在还原诗词情境的时候，是否充分揭示了情境的意义，对于情境创设的效果至关重要。那么，对大脑而言，什么是有意义的？脑科学的研究表明，与个人生活的关系和影响联系越密切的内容对大脑而言越有意义。而时空的远隔往往致使学生无法建立诗词与现代生活意义上的关联，造成理解的困难和情感上的隔阂。所以，教师活化诗词情境的关键在于构建意义，而构建意义的有效方式是在情境中注入现实生活的各种元素，与学生相关的生活经验紧密联系，帮助学生在感知意义的基础上理解知识。需要强调的是，这里的生活不仅仅指教师和学生的生活场景，更指二者所处的时代背景，它的外延非常广阔，所有与当代生活相关的内容均可包含其中。且从本章第二节中对学生的古诗词学习情况的调查也可以得出，学生对联系生活的讲授接受度更高，这为注入生活因子的情境教学策略的有效实施提供了更多的可能。

现以"生活化的表达方式活化诗人情境""联系当代生活，活化文本情境""营造真实的学习情境，提升综合能力"为例，探讨情境的活化。

1. 生活化的表达方式活化诗人情境

几乎每学一首诗，教师都会对作品的历史背景、作家生平进行简单但涵盖面甚广的介绍，包括字、号、履历、代表作品、风格等。这样的介绍虽较为全面，但未免缺乏温度。课本选编的诗人因为其才华、作品、人格而在诗词史甚至文学史中拥有崇高的地位，再加上年代久远，学生在心理上和空间上与这些人物都有着莫大的距离，而趋于语义型的诗人简介，不利于学生对诗人进行更进一步的认识。为了让

诗人的形象更加立体丰满、有血有肉，也为了让学生更容易亲近，教师在进行古诗词教学时，有一定的必要将这些伟大而优秀的诗人"拉下神坛"，使他们更具生活化，让他们"活"过来，让这些学生从小学甚至懵懂孩提时代就接触的诗人作家成为他们亲切的老朋友或智慧的长者，而不是冷冷的知识点或高高在上遥不可及的圣人。

创设生活化的诗人情境要用生活化的表达方式，用学生擅长且熟悉的表达让诗人形象在学生熟悉的语境中活灵活现。笔者曾在教学李白的诗词之前，播放了一则由央视制作的纪录片《唐之韵》的李白选段，其解说词大气豪迈，从李白的出生讲起，结合李白的作品进行介绍，播音员字正腔圆且情感充沛。可这样的纪录片学生竟不愿意看，说看了想睡。看完之后，他们眼中的李白依然是那个和他们距离很远的"诗仙"。

而在学习苏轼的诗词之前，笔者尝试播放短视频《在下东坡，是个吃货》，该视频以"吃"为线索，贯穿苏轼的主要经历，从苏轼对美食之热爱的角度，呈现了苏轼历经宦海波涛仍笑对人生的乐观态度，且将苏轼的诗词融入片尾的Rap。网络流行语的使用、别开生面的表现形式、不具历史感的Rap等学生喜闻乐见的元素把一个真实的、具有烟火气息的，却有着超凡人格魅力的苏轼带到了学生面前。学生观看视频时兴致高昂，专心致志，它的效果可想而知。两种不同表达类型的教学材料所收到的教学效果表明，趋于生活化的流行语表达更容易引起学生的共鸣，更有助于学生的理解，更有助于诗人情境的活化。

虽然大数据时代下的资源海量丰富，但适合教学的视频材料也是可遇不可求的。教学中，教师最常用的依然是语言讲授的方式。教师在介绍诗人时同样应注意语言的生活化表达。这一点，华中师范大学文学院的网红教授戴建业的诗词教授方式就给了我们很大的启发，同时做了很好的示范。他的古诗词选修课深受学生喜爱，场场爆满。他总能用通俗而风趣的语言将千百年前的诗人讲得那么可亲可近，好像他们就是生活在我们身边的某一类人。比如，他讲陶渊明，说他是个特别有幽默感的诗人，"种豆南山下，草盛豆苗稀""种的个鬼田，要是我种这个水平我绝不写诗"……这样一来，通俗生活化的表达使诗人具有了现代存在感，拉近了学生与诗人的距离，诗人不再是高高在上的"神"，也有着和普通人一样的性情，只不过他们可能更坚韧、更个性，能将生活和生命书写成诗词。

古诗词教学中的"知人论世"也应如此，或选取能突出诗人性情的典型事例，或结合所学诗词的内容用生动的生活化语言展现立体的、有人情味儿的诗人形象，而不是将诗人概况像文学史知识一样系统化地"完整"展现给学生，这样非但不

"完整"了，而且可能是无效的。讲解诗词内容时也应注意生活化的表达，如教学《氓》时，一个"渣男"的称呼就能够拉近文本与学生的距离；教学《节妇吟》时，"一场小三插足的婚外恋"的概括就能引起学生的兴趣，并使诗词具有了一种现实感。总之，现代的生活化表达能在一定程度上弱化语境的差异，而流行与经典的融合更容易碰撞出别样的火花，创设出更鲜活的诗人情境。

2. 联系当代生活，活化文本情境

联系当代生活以活化文本情境，是指将诗词中的文本情境与当代生活情境连接起来，在文本情境中注入鲜活的时代生命力，赋予诗词的文本情境以现实意义，让诗词中的文本情境更加丰富有张力。高中生虽然生活阅历不够丰富，但他们都积累了一定的生活经验，对社会生活有所认识，并以他们青春的眼光去看待和理解周围的事物，对生活充满热望。只有将学生所体验的当代生活情境融入文本情境，二者发生共振，才能迸发出精神共鸣的火花，升华诗词的旨意。

所以，教师要具备善于发现的眼光，在广袤无垠的生活情境中选取提炼相关情境，有意识地利用生活情境，并联系文本情境，揭示出诗词的意义，让学生在感受当代生活的同时发觉诗词的深刻内涵，深入感受诗词的情境。几乎所有与当代生活相关的人、事、物，不管是教师、学生的个人见闻经历还是社会上的热点时事都可以作为古诗词情境教学的内容。教师可以通过比较这些现实生活情境与诗词文本情境的相似性与相异性，建立二者之间的关联，从而活化诗词的文本情境。

如王昌龄的《从军行（其一）》为我们描述了这样一个文本情境：一位守卫边疆的战士在一个深秋的黄昏独自登上百尺高的戍楼，他一遍又一遍地用羌笛吹着《关山月》这首曲子，在悲戚婉转的羌笛声中思念自己那远隔天涯的妻子。短短四句24字，将一个普通士兵对乡土、对家人的思念写得无比真切感人。像这样的文本情境学生很容易理解，但不容易产生共鸣，也难以受到感动。因为身处和平年代以及生活经验的局限，他们可能无法真切感受一个普通士兵那深入骨髓的思念，无法感受诗词中蕴含的含蓄却动人的情感力量。此时的文本情境在学生眼中只是一幅画面，其中少有感人的生命力量。基于此，笔者上课时主要结合时事热点活化情境，上课时引入了一个歌曲视频，该视频是为纪念2020年6月在中印边境冲突中牺牲的四位战士而作，歌曲以Rap的形式演唱。通过歌词和画面，学生了解了边防生活，知道了陪伴守戍边境战士的只是戈壁、风霜、泥沙和孤独，让那个看似遥远的情境在学生的面前鲜活起来，学生在读诗时情感就发生了变化，也理解了曲笔对写的那种含蓄和苍凉。以此连接古今让学生明白边塞诗的意义，燃起了对边防战士的崇高敬意，也激起了学生的爱国热情。

　　总之，教师在活化诗词文本情境时，无论什么样的生活情境，只要能帮助学生建构对诗词的意义感知，都可以利用起来，除了时事热点外，像学生所处的环境、身边的人和事、个人遭遇、所在地域的人文特色、民俗文化等都可以成为取之不尽的情境来源。

　　3. 营造真实的学习情境，提升综合能力

　　正如前文所说，在真实的学习情境中，情境是在学生活动过程中不断生成和变化的，是以学生为主导的。但这并不意味着教师就可以放任不管，也不意味着教师在真实的情境面前无能为力。恰恰相反，在古诗词教学中营造真实的学习情境对教师情境创设能力的要求更高。而这也是与传统情境教学最大的不同之处，也是新课标对高中语文古诗词情境教学乃至语文情境教学提出的更高要求。基于真实情境的教学，教师需综合考虑更多方面的因素，如学生的能力水平、学生情境学习的目标、拟让学生进行学习活动的情境、学生在情境中的任务、学生如何达成任务、如何评价学习成果等。所以，即便有时教师未能全程参与学生在真实情境中的学习，但教师对情境的宏观设计和把握会对学生的学习效果产生一定的影响。而教师营造真实学习情境的能力主要体现为教师对真实情境的教学设计能力，教师通过设计影响学生的学习，成为"看不见的手"，引导学生在真实情境中的学习向着积极良好的方向发展。

三、高中语文古诗词情境教学的一般过程

　　诗是反映生活、抒发情感的歌唱，是各民族最初、最古老的文学艺术样式。从表与里两个方面看，它最显著的特点有两个：一是诗词的语言和谐凝练，富有音乐性；二是诗词的情感蕴藉丰富，富于抒情性。这就决定了古诗词教学需要诵读、需要涵泳，于"吟咏之间，吐纳珠玉之声"，在一遍遍的诵读中，移情入诗，体验诗情。这也是古诗词与其他文学体裁的最大不同。所以，学生在教师的引导下，于课堂上对经典篇目进行涵泳和品读是极其必要的，是学生在真实情境中迁移古诗词相关知识，形成核心素养的基础。故本部分主要对高中语文古诗词课堂的情境教学的一般过程进行探讨，让高中课堂上的古诗词情境教学有规律可循，为高中一线教师的古诗词教学提供方法上的参考。

　　在以往的高中语文古诗词情境教学实践以及有关的研究中，研究者多将情境教学法作为某个教学环节的教学方式，如运用于导入，或运用于对某个知识内

容的分析，没能将情境作为一个整体，站在情境的角度上进行课堂教学。因此，在本部分中，笔者试图以情境的视角关照一首诗的教学，将诗词视为一个完整的情境，将学生的学习视为对诗词情境加工的过程，来探讨古诗词情境教学的一般过程。

每一首诗都有一个整体的情境，这个情境就是兴发作者感动的自然景象或者人间世象，诗人在这特定的情境中"情动而辞发"，将情意凝聚成诗的语言并以语言的形式外化出来。诗人在境中感发触动，所以读诗时便应沿着语言的路径"沿波讨源"，披文入境，只有进入诗中含情有意的特定情境，才能对作品产生"于我心有戚戚焉"的亲近与感动，即所谓的"入境始与亲"。定篇诗词的情境教学就是教师综合使用情境创设的策略方法呈现诗境，将学生带入诗境，让学生在情境中完成对诗词作品的认知建构。

但是学生的认知有一定的规律性和过程性，由易到难、由浅到深、由具体到抽象、由感性到理性，特别是对于有一定难度的认知对象，完成认知理解更不是一蹴而就的。一篇文章、一首诗词的阅读认知过程亦是如此。曹明海在《理解与建构——语文阅读活动论》一书中指出，就阅读一篇文章而言，阅读主体的心理过程存在一个层次递变的结构模式。"感知、理解、深悟"三个基本阶段相互联系，构成一个动态的、完整的心理运行轨迹。诗词的情境教学也应尊重这种规律，有步骤有差异地创设不同强度和不同内容的情境，使得学生由浅入深地把握和领悟诗词的内在意蕴。

基于诗词的特点、学生的认知发展规律和阅读心理过程的递变规律，笔者将诗词情境教学的一般过程概括为以下四个阶段：入境、识境、悟境、写境四个阶段。

（一）激情入境——初读感知理诗路

1. 情境导入，激发读诗动机

导入可以说是情境教学的起始阶段，好的新课导入可以减弱学生对诗词学习的畏难情绪，激发学生的阅读热情，从而主动投入新诗的阅读。教师在导入新课时可以根据教学目标和诗词内容特点以及自己对诗词的把握，找到一个切合的教学点，或创设问题情境，或呈现直观情境，或联系学生生活将学生带入情境，利用情境引起学生的学习兴趣、激发学生的学习动机，使学生在情感的驱动下进入诗境而得以一窥其全貌。

如教学辛弃疾的《青玉案·元夕》时可以这样导入："火树银花合，星桥铁锁开"，说的就是热闹的元宵节，在这样一个我们都非常重视的传统节日里，你们会做些什么事？而在宋代，元宵节是全民狂欢、最嗨的节日，没有之一。这不，元宵节到了，咱们的老朋友辛弃疾也出街了，可他的目的是什么，玩乐吗？让我们穿越到800多年前的南宋，去看看那时的元宵节的情境，去找寻诗人的影踪，看看他做了什么事。

导入创设了欢度元宵佳节的情境，联系学生熟悉的生活，由此过渡到宋代元宵节，引起学生对宋代元宵节风俗和诗人行止的好奇，从而激起学生阅读全词的动机。

教育心理学认为学习动机与学习效果有着密切的联系，一般认为中等强度的学习动机会对学习产生比较适宜的促进作用，且在难度不同的任务中，动机的强度影响解决问题的效率，越难完成的任务需要的动机强度越大。再加上高中生的注意力已发展到一定的水平，不一定每首诗词的学习均需创设导入情境，所以教师在教学过程中应结合即将学习的诗词的难易程度，考虑情境创设的强度和创设与否。

2. 整体感知，厘清诗词思路

初读是学生首次感知诗词，要求对诗词的思路脉络有一个整体的把握。"作者思有路，遵路识斯真"，只有厘清诗人的思路，把握诗人在特定情境下情感触发的过程，梳理好诗词的情脉意脉，学生才能正确理解诗词内容，走进诗词意境，体验诗中真情。所以，在激起学生的学习动机之后，教师应顺势引导学生厘清诗词脉络，在诗词的经脉中完成对诗词的整体感知。

例如教学上文提到的《青玉案·元夕》，导入之后，学生自然带着教师的问题读词，也不难回答教师的问题：词人在灯火辉煌、人潮涌动的灯市上，不为玩乐，而为——找寻意中人！而"寻他"正是该词的经络，教师可以继续提问：你读词的时候实际上也跟着词人一起在拥挤的人潮中找寻"那人"，那么词人看过了哪些风景，走过什么地方，最终又在哪里寻到"那人"？于是，全词脉络清晰地呈现了出来：词人移步换景——烟花下，宝马旁，乐声中，人群里，最终在灯火阑珊的地方找到了她！这样一来，一幅"元夕上下求索图"便在学生的面前铺展开了，此时，学生走进了词人所描绘的情境。

厘清诗词的情意脉络实际上也是对诗词本身描写的情境的再现，所以教师应踏实地结合文本呈现具体情境，让学生感到情境如在眼前，我如在境中。

（二）动情识境——细读理解品语感

学生在整体感知诗意后，可以基本把握诗词所叙何事，所绘何景，所写何人，但这对诗词的赏读而言只是一个开始。教师应引导学生由整体到局部，对诗词进行深度的阅读、细读，从而达到"识境"，对诗境有更深入的认识和体验。

清初画家笪重光在他的一篇论中国绘画美学的文章《画筌》中说，"神无可绘，真境逼而神境生""虚实相生，无画处皆成妙境"。诗犹如此，有真境亦有虚境。真境通常可以是一个传神、精当的用词，一个妙不可言激起读者心中无限光景的句子，皆可谓之真境，它们往往能渲染出全诗的神韵，使诗之神境顿显，如王维《山居秋暝》起字"空"，诗人出手便奠定诗词澄静空灵的基调，映照出一个澄澈清明的境界，而诗颔联"明月松间照，清泉石上流"则写出了不染纤尘的洁净之自然美，暗合诗人澄明的心境，故形成玲珑剔透不可凄泊的纯美神境；诗词的语言高度精练，且具有跳跃性，容量极大，于是无字之处便造成了诗中的"虚境"，此境可供想象、推理、品味，读者自身的经验填补了空白，使无字处亦成妙境，让诗境更加丰富。如王昌龄《闺怨》中的"忽见陌头杨柳色，悔教夫婿觅封侯"，见了杨柳青青，于是悔恨当初，中间诗人抹去了少妇因春柳又青而想到夫君未归，而想到春光易逝，而想到红颜易老，而想到凝妆以悦何人，而想到爱情易失等一系列丰富而微妙的心理活动，这一处语义的跳跃、情境的空白让整首诗更加含蓄而深得其妙。

所以，教师在引导学生细读诗词时，应善于突出强化局部情境，充分展示形象，呈现人物形象，如见其人，呈现景物形象，如临其境，使得"真境逼而神境生"；应善于还原诗中虚境，驰骋想象，合情推理，使得"无画处皆成妙境"。

1. 沉入词语，凸显诗词形象，增强内心体验

朱光潜在《诗的境界》中说，诗的境界是用"直觉"见出来的，意即当你"直觉"于对象时，你的全副精神专注于它本身的形象，而无暇思索它的意义或是它与其他事物的关系，你"直觉"所见的形象笼罩着你的全部意识，使你聚精会神地观赏它，玩味它，以至于把它以外的一切事物都暂时忘却。用"直觉"见诗境是一种完全的融入，是一种心领神会，是一种忘我的境界。读诗时求这种瞬间迸发的灵感契合还要看与诗的缘分，更多时候，我们要经过一番思索、咀嚼和品味才能"见"出诗词的境界。所以，在古诗词情境教学中，教师要引导学生"凝神注视"，去"直觉"诗词的形象。而"凝神注视"的要义体现在古诗词情境教学上就是抓住关键词句，突出形象，让学生沉入词语，去咀嚼诗味，去"倾听文本发出的细微声响"。

这里的关键词句的选择重在切合，切合文本，切合教学的需要，或是诗词情

感的凝聚处，或是点睛之笔。教师引导学生就一个词进行深度品读，慢慢读慢慢品，然后柳暗花明，渐入佳境，诗味浸润全身。虽说"一字未宜忽，语语悟其神"，对简约的古诗词更是如此，但课堂时间是有限的，引导学生抓重点品关键是基于课堂效率的需要，同时这种更深入的鉴赏可以培养学生对诗词语言的敏感度，培养他们的语感。

《青玉案·元夕》的词眼无疑是最后一句"众里寻他千百度，蓦然回首，那人却在灯火阑珊处"，这是全词的高潮所在，而词到这里却戛然而止，留予人无限回味的光景。笔者在教学该词时，几乎所有学生都表示，这最后一句太惊艳了，初见便已沦陷。这就是古诗词的魅力与意义，它有着超越时空的生命，一个刹那成为永恒，让后世的读者驻足于诗人所创的那一片小天地，受到真美的感召。但当问及这一句词何以惊艳到你，能否将感觉说出来时，学生又都表示无从说起。这就说明学生已具备对言语的敏感性，但对感觉的表达能力有所欠缺。虽然瞬间的感动所携带的复杂情感难以理性地步骤化，但为了让学生深入"直觉"审美对象，教学时笔者着重凸显渲染该句的情境，从情感美、形象美、构思巧三个方面引导学生细读咀嚼：从品"千百度""蓦然""却"三词入手，感受体验该句流露的词人情感；从品"灯火阑珊处"入手，分析该句塑造的美人形象；从分析手法角度入手，体会作者精妙的构思。现展示"感受体验词人情感"的教学片段如下。

师：除了惊艳感外，我们再来细细咀嚼这一句带给你的更细微的感受。同学们再将这一句词读一读，你读完是什么心情？

生：我觉得是欣喜，"众里寻他千百度"，蓦然回首时，她就站在那里，看到她，非常开心。

师：不错，是欣喜，你再读一读哪个词可以表明这种欣喜，哪个词为这种惊喜铺垫。

生："千百度"和"蓦然"，在茫茫人海中找了她一千遍一万遍，说明对"那人"无比关切和执着，可怎么也找不到要放弃的时候，突然间的一个回头，就看到了她，那个蓦然间的回首，很让人惊喜，感动到想哭。

生：踏破铁鞋无觅处，得来全不费功夫。

师：说得真好，"千百度"就是千万遍、无数遍的意思，在灯火璀璨人山人海的元夕，一遍又一遍地寻找，多少苦心痴意啊，终于一个回眸，意中人出现在眼前——那是一个多么美好的瞬间，就如同于黑暗中苦寻光明之时，抬头望见了灿烂的星河，激动人心。同学们，再来读一读这句词，把这种欣喜甚至是狂喜读进去。

（生读，自然地对"千百度""蓦然"等词做了重音处理）

师：很好，有点感觉了。可同学们，除了这种喜悦，你还能不能从中读出别的情感？想象一下，你是词作主人公，你寻找的千千万万遍的人儿啊，一回头，她就站在灯火阑珊的地方，火树银花的元宵节，所有人成群结队，欢闹嬉笑，而她一个人独立灯火阑珊。

生：有点心疼，她太孤独了，和周围的环境格格不入。

生：突然又有点难过了，心情有点复杂。

师：复杂就对了。有一个词可以体现出这种情绪的微妙变化，是哪一个？

生：却。

师：找得很准，你们有对词的敏感。如果我们把"却"字换了，换成"就"，感觉如何？

（PPT 出示句子"众里寻他千百度，蓦然回首，那人就在灯火阑珊处"）

师：就换一个字，与原词有什么差别？同学们品一品。

生：少了点意思。

师：什么意思？

生："就在灯火阑珊处"，没有转折的意味。

生："却"字写出一种与预期不同的感觉，多了一丝怜惜，在看到她在灯火阑珊处的时候，有些心痛。

师：说得真好，看来你们真正走进语境了。"却"写出了一种转折，使情感生出跌宕，一个"却"字写出情绪微妙的转变，"蓦然回首"是豁然开朗，是瞬间袭来的无比的喜悦，而一个"却"字，将之前那无与伦比的欣喜转瞬变成了难言的落寞，更是多了怜惜，多了不忍，充满无限柔情与难以名状的忧伤。同学们，所有的悲喜莫名都融化在词句里，蕴含在语境中，那"蓦然回首"的一瞬亘古不灭。我想你们在看到这句词的刹那，便感受到词人传达的情意才会被惊艳到，希望你们能再细细体味这一刹那。现在，请同学们带着你们的感受，再读一读这句词。

（生读。进行细读后，学生读得很认真，很动情）

词作的最后一句是千古名句，写的是一个回眸，可谓一眼万年。所以笔者将回眸瞬间的情境凸显出来，提供让学生沉入词语的契机，让学生"凝神注视"，从而在境中动情，体验诗情，于境中与作者共鸣。

教学中，让学生沉入词语，咀嚼诗情的常见做法是诵读和比较。诵读是在一遍遍的吟味中，激起情感，体会语感，加深诗情体验。而比较的具体做法是对传神之词做增删替换，在比较中欣赏语言的神韵，如王维诗《积雨辋川庄作》颔联

"漠漠水田飞白鹭，阴阴夏木啭黄鹂"中的"漠漠"和"阴阴"这两个叠词就极富张力。教师在教学时可将这两个词删去让学生比较，从而让学生体会这两个词对诗境所起的拓展作用："漠漠"将我们的想象视野无限延伸且多了朦胧的质感，"阴阴"则增加了视觉的纵深度并能让我们感受到山林的青葱和夏日的清凉。于是，一幅广漠无垠的水田图景铺展开了：水面泛着粼粼的微波，漂浮着淡淡的雾气，白鹭轻盈地掠过，微风过处，沁人心脾。于是，一幅夏日的山林图景呈现出来了：四处是生机勃勃的绿叶，构成一片浓荫，黄鹂鸟成了一抹亮色，一声声清脆的鸣啼婉转了整片树林，阳光在绿叶的缝隙中透出来，宛若清辉。如此沉入词语，让学生在比较和诵读中体会诗人措辞之妙，保持对诗词语言的敏感度，加深对词的情感色彩的理解，体会其对诗境的延宕、渲染、点睛之作用，从而获得身临其境之感并为之动情。

2. 于无字处造境，丰富诗词内容，深入识境

古人云"律诗之妙全在无字处"，不独律诗如此，古今诗词如是。无字处形成的语义、时空、心理上的跳跃往往会成为学生学习的难点，教师应带领学生去突破。另一种情况是学生无法发现诗词中的跳跃与空白，只对诗词做最字面的解读，而无法真正走进诗人所创造的境界。于学生而言，这种情况更常见。此时更需要教师引导学生去发现，用合理的想象、合情的推理填补空白，让诗境更加丰富，从而理解诗人诗情，促进对诗境进行更深刻的认识和把握。

如学习杜甫的《登岳阳楼》时，学生往往不能较全面深入地把握和体会首联"昔闻洞庭水，今上岳阳楼"流露出的诗人的情感。这两句诗是简单的叙事，告诉我们诗人终于登上了向往已久的岳阳楼，绝大多数的学生就仅仅如此理解诗词，认为诗人登上岳阳楼的那一刻内心是无比喜悦的，毕竟这算是一个心愿的实现，正如仇兆鳌在《杜诗详注》中说"'昔闻''今上'，喜初登也"，但首联诗情仅仅如此吗？是不是只有喜悦？还有没有别的情感？"昔"与"今"二字形成了时间上的跳跃，其中的跨度是诗人的一生，那么漫长、波澜的一生，却只凝聚成"今""昔"二字。走过一生，登上岳阳楼的情绪绝不是一个"喜"字就可以概括的，所以教师应指导学生结合时代的风云和作者的经历去读这两句诗，去细细体会其中复杂微妙难言的情绪。而当失意一生、漂泊流落、理想注定夭亡的诗人情境和盛世没落的时代情境充实起"昔""今"之间的空白时，杜甫登楼一刻的心绪就不再单薄，而变得丰厚感人了，全诗的情感基调也立住了，课堂氛围形成了，学生的情感也因为理解诗人、理解诗词而充沛而能与之共鸣了。

（三）见境外之境——精思深悟升华旨意

深悟是阅读审美的至高境界。就诗词阅读而言，它是在感知和理解诗境的基础上，让诗词的语言和思想、表象和深意、诗人本意和诗词显现的全部内容统一熔铸再建构的过程，从而达到"见"境外之境的审美境界。那么，在古典诗词的欣赏中如何才能达到这种境界？这就要求读者在深入理解了"诗词本意"的同时，着力探讨"诗人本意"，将二者结合起来，才能读透诗句，读懂言外之意。

一首诗是一个情境，一位诗人也是一个情境。读中国古典诗词是不能将作者和作品分开的，阅读古书、古文"要明了古人所处的环境和抱负""中国诗人不但以他们的思想感情、品格意志、胸襟怀抱来写他们的诗篇，而且以他们的生活和生命来完成和实践他们的诗篇"，从一定程度上说，诗词是诗人生命和智慧的凝练。读诗时，诗词情境与诗人情境的叠加，会产生一加一大于二的效果，引申出更动人的情致。所以，在教学中，教师应引导学生了解诗人生平，诗人为人与性格、襟怀与抱负，诗词创作背景等，在不脱离诗词文本的前提下，以此作为"悟"的突破口。

绝大多数情况下的诗词教学会对诗人背景或写作背景进行一定的介绍。一般的教学流程是将这样的介绍放在诗词的正式学习之前，然后再读诗，理解诗意。这样一来，背景介绍环节与读诗、解诗环节之间并不能形成有机的关联，只是教学环节的按部就班，无法将背景知识与诗词内容很好地结合在一起。"背景还原"是依据不同诗词灵活处理背景知识的教学，在细读文本的过程中还原诗人创作情境的方法，即先让学生读诗词，教师有意识地引导学生发现在细读诗歌时无法解决的问题，并以此为关键契机进行检索，在学生"愤悱""有疑"的情感状态下还原诗人创作时的具体情境，以此达到引导学生"深悟见境外之境"的教学目的。

依然以《青玉案·元夕》为例，笔者在教学时不是将创作背景的介绍放在最前面，而是将背景知识的教学做一个简单的调度。在对诗词进行深入理解后，学生已对词作呈现出来的境有了深刻的认识——那是元宵灯会上亘古不灭的刹那回眸。依据词作的表面义，它可作爱情词解。可它仅仅只是一首爱情词吗？梁启超品读该词时说"自怜幽独，伤心人别有怀抱"，此时，教师应当引导学生自行查阅相关背景资料或做展示点拨。让学生对原有的语境加以添绘甚至改造，得到不同于之前教学环节的情感体验。

通过时代情境和诗人情境的展现，学生眼前的境不再只是词作表面呈现出来的境界，一个初心不改、永远热忱的伤心英雄形象立于字里行间，显现在新的情境中，震撼着学生的心灵。

由此，入境、识境再到见境外之境，基本完成对诗词由表及里、由浅入深的品味鉴赏，让诗境越来越丰富也越来越深刻，同时也让学生的情感处于生成、发展、稳定的动态中，促进了认知的发展，达到诗词审美的愉悦。

（四）抒情写境——贯穿训练增素养

在前面的品读鉴赏阶段，学生的情感在诗境中被激发，且在一步步深入的感知、分析、理解、综合中，学生的思维也是活跃的，而思维又将语言作为主要表达方式，所以思维的过程也是语言建构的过程。但思维的庞杂和跳跃决定了思维中的语言的繁杂和无序，像散落一地四处乱滚的珠子。语文课程的性质决定了语文核心素养中"语言建构与应用"是其他核心素养的基础与核心，语文课程目标也明确指出要培养学生"美的表达与创造"，一言以蔽之：善于表达是非常重要且核心的语文能力。而中国古诗词是一种纯粹的语言艺术，是美的表达，所以，在教学古诗词时，教师应善于利用学生内部语言处于活跃状态的时机，在已强化的诗境氛围下，引导学生将内部语言转化为外部语言，记录思想和情感，让学生用自己的语言书写诗中情境或自己的心境，通过设计适量、适度的语言训练将那散落一地的珠子连串起来，成为美的表达、美的创造。

读诗解诗悟诗的过程中，教师与学生的对话是一种表达；沉入词语，徜徉诗境时，学生写下的评赏也是一种表达。口语的表达是贯穿于整个诗词课堂当中的，书面的表达则须视教学目标和教学内容设计有效的训练。由于课堂时间的限制，训练难度不宜过大，且要利用学生情绪，让学生在"情动而辞发"的状态中书写他们的兴发感动。诗词课堂中常见的训练方式主要有以下几种：化境为文、诗词素描、一句话诗词评论等。教师也可以设计课后的情境任务，落实目标要求。

参考文献

［1］包红.高中语文名著阅读教学中智慧课堂模式的有效开展［J］.试题与研究，2021（30）：71-72.

［2］陈礼兴.聚焦语文核心素养，构建语文智慧型课堂［J］.语文教学与研究，2021（15）：59-61.

［3］陈立.核心素养视角下高中语文课堂学习情境的有效创设［J］.新课程，2022（4）：28.

［4］陈盼.高中语文智慧课堂的设计与研究：以网络情境下的诗词教学为例［J］.语文新读写，2021（1）：64-66.

［5］陈霞.基于智慧课堂的高职语文情境教学［J］.文学教育（下），2022（8）：85-87.

［6］高海龙.核心素养视角下高中语文课堂学习情境的有效创设［J］.课外语文，2021（19）：87-88.

［7］顾鑫，陆建隆.以"情境系数"描绘试题情境质量：以2019年江苏中考物理试卷为例［J］.物理教师，2021，42（3）：49-53.

［8］何忠山.高中语文情境任务创设的实践分析［J］.语文教学与研究，2022（1）：79-81.

［9］侯方胜.情感引导，启发思维：高中语文情境教学法的实践研究［J］.作文，2022（8）：27-28.

［10］季静静.巧借微课打造高中语文高效课堂［J］.语文教学与研究，2022（24）：76-77.

［11］江辉.用情境促深度：论高中语文情境教学法的应用［J］.考试周刊，2022（38）：44-47.

［12］解丽丽.试析情境创设在语文课堂教学中的作用［J］.新课程研究，2021（28）：12-14.

［13］靳健，赵晓霞.语文情境式学与教的心理学［M］.北京：人民教育出版社，2022.

［14］李娟芳.高中语文情境任务创设的实践思考研究［J］.新课程，2022（42）：188-190.

［15］李正禄.高中语文古诗群文阅读教学策略探讨［J］.基础教育论坛，2022（34）：47-48.

［16］李知恩.高中语文课堂情境教学设计优化研究［J］.华人时刊（校长），2022（10）：82-83.

［17］楼特钦.项目化：高中语文情境命题设计的一种探索——以"思辨性阅读与表达"任务群情境命题设计为例［J］.语文教学与研究，2022（19）：108-111.

［18］全淑.先如临其境，后欣然入境：高中语文情境教学法实践策略初探［J］.语文月刊，2021（9）：16-19.

［19］生升.高中语文任务群教学中情境构建的实施策略［J］.语文教学之友，2022，41（1）：7-9.

［20］史瑞.浅谈高中语文合作教学的有效性［J］.读写算，2022（32）：83-85.

［21］苏旺义.聚焦于"情境"与"活动"：谈高中语文学习任务群教学的问题与对策［J］.作文，2022（Z4）：84-85.

［22］王冬月.情境巧创设 课堂有深度［J］.中学政治教学参考，2021（30）：65-66.

［23］王琪.探索情境教学在高中语文中的应用［J］.新作文，2022（30）：10-11.

［24］王元启.智慧课堂在高中语文教学中的应用：以《古代文化常识——姓名字号》为例［J］.安徽教育科研，2020（3）：114-115.

［25］吴岚.境中探径：高中语文情境教学探索［M］.上海：上海教育出版社，2022.

［26］吴柳燕，张殷，罗星凯.科学学业测评中情境框架的设计与实施［J］.基础教育课程，2021（7）：59-66.

［27］吴银贞.高中语文情境任务创设的实践研究［J］.现代教学，2021（Z3）：54-55.

［28］肖潇．基于智慧课堂的高中语文交互式情境教学探索：以古诗教学《蝶恋花·槛菊愁烟兰泣露》为例［J］．教育信息技术，2020（Z2）：40-43．

［29］辛志英，王凯．关于高中语文"学习任务群"的思考［J］．衡水学院学报，2022，24（1）：118-123．

［30］薛新洪．高中语文如何紧扣教学目标设计情境任务［J］．语文世界（中学生之窗），2022（3）：66-67．

［31］闫陇东．情境教学法在高中语文课堂教学中的应用策略研究［J］．学周刊，2023（4）：91-93．

［32］杨富华，魏永林．高中语文课堂的"小情境"和"大情境"——以史铁生《我与地坛》为例［J］．语文教学与研究，2021（10）：26-29．

［33］张小利．智慧课堂，因翻转而精彩：高中语文"智慧课堂"教学策略微探［J］．课外语文，2021（25）：112-113．

［34］赵海亮．例谈核心素养在高中语文课堂教学中的渗透策略［J］．语文教学通讯·D刊（学术刊），2022（8）：56-58．

［35］朱嘉鼎．高中语文"知识点切片"教学实践与探索［J］．甘肃教育研究，2022（9）：33-36．

后　记

　　时光荏苒，这本书已经写到了尾声。这本书是关于高中语文情境教学研究的一本书，倾注了笔者全部的心血，虽然很辛苦，但对高中语文情境教学的研究具有一定的借鉴意义。同时，笔者在创作本书的过程中得到了社会各界的广泛支持，谨此深表谢意！

　　高中语文课堂情境教学的研究基于建构主义理论和近年来的实践研究，已成为当前高中语文教学中一种有效的教学方法。然而，在课堂教学中不可能完全实现有效的教学，特别是在学生学习能力的转移方面不能令人满意，部分教师对情境教学模式有一定的误解。笔者认为，情境不单单是一种形式，它更大的存在意义在于它的本质。情境的创设不是每节课开头唱首歌或者展示一幅画面，情境是贯穿一节课始终的，它更多的时候表现为一种师生思维的互动，只有身临其境才能感受到这种情境的魅力，不在其中的人是无法用言说的。随着时代的发展，教育形式也与时俱进，本书结合对高中师生进行的抽样问卷调查，提出了一些常见的问题案例并进行了分析，探讨新课程改革背景下情境教学模式的优化设计，希望提升学生对语文学习的兴趣，使学生真正体会到学习的重要性，从而更好地推动语文教育事业的发展。

　　尽管本书已完稿，但高中语文情境教学研究仍任重而道远，笔者将不辱使命，潜心研究、积极探索、寻求突破，继续肩负起高中语文情境教学研究的光荣使命。

段少龙

2023 年 4 月